Sprache und Fachwissen sind Machtfaktoren. Gerade im Bereich des Versicherungswesens argumentieren Versicherungsunternehmen oft mit Fachbegriffen, die der normale Bürger einfach nicht versteht.

Auch der Gesetzgeber und die Rechtsprechung haben die Schutzwürdigkeit des „Versicherungsverbrauchers" erkannt und schreiben den Finanzdienstleistern immer wieder ins Stammbuch, dass Klauseln in den Versicherungsbedingungen undeutlich formuliert oder Ablehnungsschreiben im Schadenfall nicht transparent sind.

Dieses kleine Lexikon soll Ihnen den Weg durch den Dschungel der Fachbegriffe bahnen und Sie damit in die Lage versetzen als mündiger Kunde in Augenhöhe mit Ihrem Versicherungsvermittler und Ihrem Versicherungsunternehmen zu reden. Bei den Erläuterungen sind auch die wesentlichen Neuregelungen des Versicherungsvertragsrechtes ab 01.01.2008 berücksichtigt.

Gewidmet ist dieses Werk den rührigen Damen der Kreisdirektion Berlin-Mitte – Doris Adler, Rita Ballnat, Ursula Dewitz und Ursula Hoffmann –, bei denen ich vor zwei Jahrzehnten die ersten praktischen Schritte ins Versicherungsleben machen durfte und die sich noch heute beim Kaffeeplausch lebhaft an unsere gemeinsamen schönen Zeiten erinnern.

Für Fragen und Anregungen sind Verlag und Autor Ihnen dankbar. Bitte richten Sie diese an: Langenscheidt Fachverlag, Postfach 40 11 20, D-80711 München.

Andreas Nareuisch

Inhalt

Abschlagszahlung

Ein Vorschuss auf die eigentliche Versicherungssumme oder -leistung, wenn die Schadensermittlung oder die Bearbeitung längere Zeit beanspruchen bzw. eine Wartezeit bis zur endgültigen Zahlung vereinbart ist. Beispielsweise dauert in der Unfallversicherung die endgültige Feststellung einer Invalidität sehr lange, da sich ärztliche Untersuchungen und Behandlungserfolge hinziehen können. Unter anderem aus diesem Grund zahlt der Versicherer die volle Invaliditätsleistung erst ein Jahr nach dem Unfall aus. Bis dahin hat der Kunde jedoch nach 1–3 Monaten ab Unfall (je nach Anbieter) Anspruch auf eine angemessene Abschlagszahlung, die in der Regel der Todesfallsumme entspricht.

Abschlussagent

Der Versicherungsvermittler, der die Vollmacht des Versicherungsunternehmens hat, beim Kunden nicht nur Anträge aufzunehmen, sondern auch den Versicherungsvertrag auszufertigen oder eine vorläufige Deckungszusage zu erteilen. Durch die zunehmende Technisierung der Versicherungsbranche fertigen Abschlussagenten bei einem einfachen Sach- oder Kraftfahrzeuggeschäft den Versicherungsschein mit Laptop und Drucker direkt beim Kunden aus.

Abschlussprovision

Der Lohn für die Arbeit des Vermittlers, das heißt für das Zustandekommen des Versicherungsvertrages. Die Bemessungsgrundlagen sind meist der Jahresbeitrag und die Laufzeit bzw. die vereinbarte Versicherungssumme in Lebens- und Rentenpolicen. Hiervon erhält der Vermittler entweder bestimmte Promille-Sätze oder eine Anzahl von Monatsbeiträgen. Die Abschlussprovision wird dem Vermittler meist als Einmalbetrag bei Vertragsschluss überwiesen, kann aber auch bei bestimmten Produkten (z. B. Riester-Verträgen) in Teilbeträgen ausgezahlt werden.

Allgemeine Versicherungsbedingungen

Bei den AVBs handelt es sich um Bedingungen, die als vorformulierte Schriftsätze einer Vielzahl von Versicherungsverträgen zu Grunde liegen. Jedes Versicherungsunternehmen kann diese AVB auf der Basis von Recht und Gesetz nach Gutdünken selbst verfassen. Diese Versicherungsbedingungen gibt es für alle Versicherungssparten (z. B. AUB = Allgemeine Unfallversicherungsbedingungen, AKB = Allgemeine Kraftfahrtversicherungsbedingungen). Sie regeln – neben den Besonderen Versicherungen und den Klauseln (→ dort) – die wesentlichen Punkte des jeweiligen Vertrages, wie z. B. Beitragszahlung, Leistungserbringung und versichertes Risiko oder allgemeine Ausschlüsse sowie Vorschriften für den gesamten Versicherungszweig. Die Vorschriften für allgemeine Geschäftsbedingungen, verankert im BGB, sind hier anwendbar, z. B. Unwirksamkeit überraschender Klauseln.

Altersrückstellung

Auch Alterungsrückstellung genannt. Mit dem Alter wächst das Risiko des Krankenversicherers, dass seine Kunden höhere Kosten (z. B. durch häufige Arztbesuche und altersbedingte Krankheiten) verursachen. In den Allgemeinen Versicherungsbedingungen ist allerdings eine Verminderung der Leistungen oder eine Erhöhung der Beiträge wegen des Älterwerdens (biometrisches Risiko) ausgeschlossen. Deshalb wird zur Deckung des mit dem Alter wachsenden Risikos diese besondere Rückstellung gebildet. Die Folge ist, dass jüngere Kunden einen etwas höheren Beitrag zahlen, um im Alter diese biometrischen Beitragserhöhungen besser abfangen zu können. Bei einem Wechsel des privaten Krankenversicherers kann nach derzeitigem Rechtsstand die gebildete Altersrückstellung nicht mitgenommen werden und verfällt. Ab 2009 soll die Mitnahme der Altersrückstellung möglich werden.

Annahme

Die Annahme ist eine einseitige, empfangsbedürftige Willenserklärung, die mit Zugang bei Antragsteller wirksam wird. Die Annahme kann durch eine Annahmeerklärung oder durch Zusendung der Police erfolgen. Sowohl der Versicherer als auch der Kunde können in die Rolle des Annehmenden schlüpfen (→ Invitatio-Modell).

Anwartschaft

Dieser Begriff hat zwei Deutungsmöglichkeiten: 1. Erwerb einer Rechtsposition für den späteren Leistungserwerb. Beispielsweise hat der unwiderruflich Bezugsberechtigte in der Lebensversicherung eine Anwartschaft auf die Versicherungssumme im Todes- und/oder Erlebensfall. 2. Sicherung des Status Quo in der Krankenversicherung. Durch den Abschluss einer Anwartschaft in der privaten Krankenversicherung ist es möglich, den Gesundheitszustand und das Eintrittsalter zu Beginn der Anwartschaft festzuschreiben, so dass beim späteren Übergang (z. B. ein Jahr später) in die private Krankenversicherung Verschlechterungen des Gesundheitszustandes oder das bloße Älterwerden nicht zu Beitragserhöhungen führen.

Äquivalenzprinzip

In der Privatversicherung (im Gegensatz zur Sozialversicherung) werden die Beiträge nach den gewünschten Leistungen und dem Risiko (subjektive und objektive Faktoren) durch den Versicherer nach diesem Prinzip bemessen.

Außenversicherung

Durch besondere Klauseln oder spezielle Vereinbarungen kann der Versicherungsschutz für versicherte Sachen dahingehend erweitert werden, dass diese auch außerhalb des eigentlichen Versicherungsortes versichert sind. Dies ist allerdings meist nur mit beschränkten Versicherungssummen möglich. Beispielsweise können versicherte Sachen des Hausrates auch auf Reisen versichert sein.

Beitragsfreistellung

Im Falle von dauernden oder vorübergehenden Zahlungsschwierigkeiten des Kunden kann aufgrund einer schriftlichen Vereinbarung eine vorübergehende oder dauerhafte Beitragsfreistellung einer Lebensversicherung erfolgen. Hierbei wird aus dem angesammelten Sparguthaben einer kapitalbildenden Lebensversicherung (das nicht identisch mit den eingezahlten Beiträgen ist!) eine neue Versicherungssumme berechnet, die je nach Laufzeit und bisherigen Einzahlungen deutlich geringer ist, als die ursprünglich vereinbarte Versicherungssumme im Antrag. Viele Anbieter sehen hierfür Mindestsummen für die Beitragsfreistellung (ab 500 Euro aufwärts) vor. Eine Beitragsfreistellung kann nach einer gewissen Zeit (z. B. 1 Jahr) oft erst nach einer neuen Gesundheitsprüfung und gegen Zahlung der Außenstände rückgängig gemacht werden.

Tipp: Bei vorübergehenden Zahlungsschwierigkeiten lieber eine Stundung beantragen, bei der auch die Versicherungssumme in voller Höhe (meist für 1–2 Jahre) erhalten bleibt.

Besondere Versicherungsbedingungen

Besondere Versicherungsbedingungen (kurz: BVB) sind Sonder- oder Zusatzbedingungen. Sie treffen in Ergänzung zu den Allgemeinen Versicherungsbedingen spezielle Regelungen für einzelne Risikogruppen oder Risikobeschreibungen.

Bezugsrecht

In der Lebens- und Rentenversicherung kann für den Todes- und Erlebensfall ein Bezugsrecht verfügt werden. Hiermit wird festgelegt, wer im Versicherungsfall Anspruch auf die Versicherungsleistung (Versicherungssumme plus Gewinnanteile/Zinsen) hat. Ein Bezugsrecht kann widerruflich (das heißt, bis zum Eintritt des Versicherungsfalles jederzeit änderbar) und unwiderruflich (ab Verfügung nur noch mit Zustimmung des Bezugsberechtigten änderbar) verfügt werden.

Hinweis: Ein Bezugsrecht in der Lebensversicherung ist völlig unabhängig von den gesetzlichen oder testamentarischen Erben und fällt im Normalfall nicht in die Erbmasse des Verstorbenen.

Billigungsklausel

Im Massengeschäft der Versicherer und Vermittler kommt es vor, dass ein falscher Beitrag oder eine falsche Versicherungssumme in den Versicherungsantrag geschrieben wird. Hierfür gibt es im Versicherungsvertragsgesetz (→ dort) eine besondere juristische Regelung: die Billigungsklausel.
Abweichungen vom Antrag müssen dieser Regelung zufolge im Versicherungsschein gesondert kenntlich gemacht und der Versicherungsnehmer auf sein Widerspruchsrecht zu den Änderungen hingewiesen (§ 5 Abs. 2 VVG) werden. Das Besondere: widerspricht der Kunde den Änderungen nicht innerhalb eines Monats ab Erhalt der falschen Police und in Textform (das heißt: Email, Fax oder Brief), gilt der geänderte Vertrag auf Grundlage der Angaben im Versicherungsschein als geschlossen.

Hinweis: Wenn Versicherungskunden diese Frist versäumen, kommen sie erst zum Ablauf der normalen Kündigungsfrist wieder aus dem Vertrag, was im Extremfall 5 Jahre sein können!

Bindefrist

Die Zeit, in der ein Versicherungskunde an seinen Antrag gebunden ist, nennt man Bindefrist. In diesem Zeitraum führt der Versicherer die Risikoprüfung durch. Deshalb sind auch die Bindefristen in den Sparten mit umfangreicher Gesundheitsprüfung (Lebens- und Krankenversicherung) am längsten.

Die Dauer der üblichen Bindefristen beträgt für

- Sachsparten: 2 Wochen
- Haftpflicht/Unfall/Kraftfahrtversicherung (Kfz-Haftpflicht/KASKO): 1 Monat
- Lebensversicherung: 6 Wochen
- Krankenversicherung: 6 Wochen

Sofern das Versicherungsunternehmen den Antrag des Kunden (oder umgekehrt) innerhalb der gesetzlichen Bindefrist annimmt, gilt der Versicherungsvertrag als geschlossen.

Blockpolice

Sie wird beim einfachen Geschäft verwandt. Der Vertrieb stellt mit entsprechender Vollmacht den Versicherungsschein ohne weitere Antrags- oder Risikoprüfung sofort aus und reißt diesen von einem Block vorgefertigter Policen ab. Diese Art wird durch den elektronisch gefertigten Antrag und Versicherungsschein sukzessive verdrängt.

Bundesanstalt für Finanzdienstleistungsaufsicht

Die gesetzlichen Aufgaben der BAFin sind zum einen die Sicherung der Zahlungsfähigkeit von Kreditinstituten, Finanz dienstleistungsunternehmen und Versicherungen und zum anderen der Schutz der Anleger und Kunden von Kreditinsti-

Arten von Versicherungsvermittlern

Seit 22.05.2007 hat der Gesetzgeber in der Versicherungsvermittlergesetzgebung und ab 01.01.2008 auch im Versicherungsvertragsgesetz vorgeschrieben, dass sich jeder Versicherungsvermittler bereits beim ersten Kontakt mit dem Kunden offenbaren muss, für wen er arbeitet bzw. mit welchen Unternehmen er zusammenarbeitet.

Hier hilft folgende Übersicht:

1. Einfirmen-Vermittler

Der Agent ist entweder als Angestellter oder, was öfter vorkommt, als selbstständiger Handelsvertreter für ein Unternehmen oder einen Konzern auf Provisionsbasis tätig.

Beispiel: Allianz-Vertreter vermitteln Verträge des Allianz-Konzerns

Vorteil:
Es gibt die meisten Produkte aus einer Hand. Der Vertreter erhält auch nach Abschluss meist noch Betreuungs- oder Bestandsprovisionen, sodass er auch im Nachgang, z. B. bei der Schadensregulierung, hilft. Er kann oft „Bündelrabatte" bei Abschluss mehrerer Verträge bieten.
Die Gesellschaft haftet meist – zumindest dem Kunden gegenüber – für eine eventuelle Falschberatung!

Nachteil:
Kann nur Produkte seines Hauses anbieten, auch wenn andere Anbieter vielleicht günstiger oder besser sind.

2. Mehrfachagenten

Dieser Agent ist freier Handelsvertreter und rein provisionsorientiert tätig.

Vorteil:
Mehr Produkte im Angebot als beim Einfirmenvertreter

Nachteil:
Oft auch nur ein Produkt eines Versicherers im Angebot, da Konkurrenzklausel.

3. Makler

Ein Makler ist rein rechtlich im Auftrag des Kunden gemäß separatem Maklervertrag tätig und erhält seine Vergütung (Courtage) von dem Versicherungsunternehmen.
Mit der Reform des Versicherungsvertragsgesetzes haben Makler erhöhten Beratungsaufwand bei sinkenden Provisionen der Versicherer. Deshalb gehen Experten von einer Umstellung mancher Makler auch auf Honorarberatung aus.

Vorteil:
Haben oft Vorteile bei Rabattgewährung und Schadensregulierung bei vielen Unternehmen.

Nach neuer Gesetzeslage müssen die Makler den Kunden über den Gesamtmarkt informieren oder ausdrücklich auf ein eingeschränktes Angebot im Beratungsprotokoll (z. B. über einen Pool oder eine Ratingagentur) hinweisen.

Nachteil:
Für eine Falschberatung haftet nicht der Versicherer, da der Makler im Interesse des Kunden tätig wird.

Auch Makler empfehlen oft nur die Produkte, bei denen sie am meisten verdienen.

4. Versicherungsberater

Ein Versicherungsberater wird von der IHK oder Gerichten benannt/zugelassen, hat Provisionsannahmeverbot.

Vorteil:
Berät wirklich objektiv, vertritt Kunden auch vor Gericht.

Nachteil:
Verlangt Honorar für Beraterzeit (nach Stunden). Zum Produktkauf muss der Kunde sich im Anschluss einen anderen Versicherungsvermittler bzw. einen Anbieter suchen.

Hinweis: Bei der Beratung muss der Vermittler seinen „Status“ zwingend offen legen, um den Rat des Vermittlers (insbesondere bei Produktempfehlungen) richtig einordnen zu können.

tuten, Finanzdienstleistungsunternehmen und Versicherungen. Damit vereint sie folgende Kontrollfunktionen:

a) Bankenaufsicht (z. B. Erlaubnis zum Geschäftsbetrieb, Schließung bei Insolvenzgefahr)
b) Versicherungsaufsicht (z. B. Erlaubnis zum Geschäftsbetrieb, Prüfung und Überwachung des Geschäftsbetriebes)
c) Wertpapieraufsicht/Asset Management (z. B. Überwachung des Börsenhandels zur Vermeidung von Insidergeschäften, Kontrolle der Veröffentlichungen nach Wertpapierhandelsgesetz, Aufsicht über KAG)
d) Übergreifende Aufsicht (z. B. über Finanzdienstleister), um Produkt- und Kapitalmarktentwicklungen zu kontrollieren und im Sinne einheitlicher EU-Vorschriften zu steuern

Hinweis: Neben dem Ombudsmann (→ dort) dient die Bundesanstalt für Finanzdienstleistungsaufsicht als Beschwerdestelle für Versicherungskunden.

Claims-Made-Prinzip

In der Haftpflichtversicherung muss entweder

a) der Verstoß bzw. die Ursache eines Schadens in die Laufzeit des Vertrages fallen (sogenannte Verstoßtheorie, üblich bei deutschen Policen) oder
b) der Auftritt des Schadens bzw. die Meldung des Versicherungsfalles in die Vertragslaufzeit (sogenanntes Claims-Made-Prinzip, üblich bei angloamerikanischen Anbietern) fallen.

Im Zuge der Globalisierung des Versicherungsmarktes ist es für den Kunden natürlich wichtig, wie er versichert ist. Beispielsweise muss ein Architekt überlegen, ob er die Planungsphase (Verstoß) oder den Auftritt des Schadens (Claims Made) absichert, um sich vor Haftpflichtansprüchen Dritter wegen fehlerhafter Ausführung zu schützen.

Courtage

Dies ist die Bezeichnung für die Vergütung (Provision) eines Maklers im Versicherungs-, Finanzdienstleistungs- und Immobilienbereich. In der Regel wird die Vergütung vom Versicherungsunternehmen bezahlt. Beim Grundstückskauf ist es jedoch üblich, dass die Provision auch vom Kunden ganz oder teilweise entrichtet werden muss. Im Finanzdienstleistungsbereich gehen viele Makler inzwischen zu einer Honorarberatung über und verlangen die Courtage zu 100 % vom Versicherungsnehmer.

Deckungskapital

Hierunter versteht man die verzinslich angesammelten Sparanteile eines Versicherungsnehmers bei einer Lebens- oder Rentenversicherung bzw. anderen Sparversicherungen, die mit einem Garantiezinssatz (zur Zeit 2,25 % für Neuverträge) plus weiteren vom Unternehmen variabel erwirtschafteten Zinsen für den Versicherungsfall angespart werden. Im Falle einer Kündigung wird aus dem Deckungskapital einer Lebensversicherung unter Abzug einer Stornogebühr der Rückkaufswert (Ausschüttung an den Kunden) ermittelt. Bei einer Beitragsfreistellung dient das Deckungskapital als Einmalbeitrag zur Berechnung der beitragsfreien Versicherungssumme.

Hinweis: Bei fondsgebundenen Versicherungen wird der Zeitwert der Anteile (in der Regel ohne Garantiezinsen) berechnet und unter Abzug von Stornokosten ausgeschüttet.

Deckungszusage

Hierbei handelt es sich um einen selbstständigen Versicherungsvertrag vor dem endgültigen Vertragsschluss, der einen sofortigen Versicherungsschutz für den Kunden (z. B. „Doppelkarte" für das Kfz) bietet. Für diesen Vertrag wird eine extra Prämie berechnet und dann entweder mit dem endgültigen Vertrag verrechnet oder bei Nichtzustandekommen des (Haupt-)Vertrages gesondert abgerechnet.
Für einen Versicherungsfall innerhalb der Laufzeit, der sogenannten vorläufigen Deckungszusage, ist der Versicherer leistungspflichtig, auch dann, wenn er noch keine Prämie erhalten hat. Für diesen Vertrag gibt es seit 01.01.2008 reduzierte Informationspflichten (z. B. ist die Zusendung aller Bedingungen erst mit dem endgültigen Hauptvertrag möglich).

Degressiver Todesfallschutz

Der Todesfallschutz einer Lebensversicherung ist zu Vertragsbeginn sehr hoch und sinkt innerhalb der Laufzeit des Vertrages. Dies bietet sich beispielsweise bei der Absicherung eines Kredites/Annuitätendarlehens an, bei dem der Todesfallschutz entsprechend der gezahlten Tilgungsraten für den Kredit sinkt. Dadurch sinkt natürlich auch die Prämie.

Delkredereversicherung

Diese Versicherung, im Allgemeinen auch einfach als Kredit- oder Ausfallversicherung bezeichnet, dient der Sicherung der Zahlungsfähigkeit in- und ausländischer Kunden. Besonders im Außenhandel, aber auch bei der Absicherung von Konsumentenkrediten gebräuchlich.

Dienstunfähigkeit

Nach § 42 Absatz 1 Bundesbeamtengesetz (BBG) ist der Beamte auf Lebenszeit dann in den Ruhestand zu versetzen, wenn er infolge eines körperlichen Gebrechens oder wegen Schwäche seiner körperlichen oder geistigen Kräfte zur Erfüllung seiner Dienstpflichten dauernd unfähig (dienstunfähig) ist. Als dienstunfähig kann der Beamte auch dann angesehen werden, wenn er infolge Erkrankung innerhalb eines Zeitraumes von sechs Monaten mehr als drei Monate keinen Dienst getan hat und keine Aussicht besteht, dass er innerhalb weiterer sechs Monate wieder voll dienstfähig wird.
Die Entscheidung über die Dienstfähigkeit eines Beamten oder einer Beamtin trifft diejenige Dienststelle, die für die Ernennung zuständig wäre; ärztliche Gutachten haben lediglich den Charakter einer Entscheidungshilfe. Dies gilt auch dann, wenn die Minderung der Arbeitskraft weniger als 50 % beträgt.

Tipp: Für Beamte ist es deshalb wichtig, auch in der privaten (ergänzenden) Berufsunfähigkeitsversicherung die sogenannte Dienstunfähigkeitsklausel zu vereinbaren.

Direktanspruch

Der geschädigte Dritte hat im Rahmen der Kfz-Haftpflichtversicherung einen unmittelbaren Rechtsanspruch auf Schadensersatz gegen den Versicherer des Schädigers. Das heißt, der Versicherer wird so behandelt, als hätte er den Schaden selbst verursacht. Dies ist insbesondere dann wichtig, wenn der Geschädigte zwar das unfallverursachende Fahrzeug, nicht aber dessen Fahrer kennt.
In diesen Fällen kann man sich an den Zentralruf der Autoversicherer unter der Rufnummer 0180/25026 wenden. Unter Nennung des Kfz-Kennzeichens, des Schadentages und falls bekannt des Namens, kann der Geschädigte hier den Versicherer des Schadenverursachers ermitteln. In der Regel wird er dann zur Schadenmeldung direkt an den Versicherer weitergeleitet. So erhält der Geschädigte schneller und leichter seine Entschädigung.

Seit 01.01.2008 (VVG-Reform) kann sich der Geschädigte auch in anderen Versicherungssparten mit Pflichtversicherungen (z. B. Berufshaftpflicht des Versicherungsvermittlers) direkt an den Versicherer des Schädigers wenden,

- wenn ein Insolvenzverfahren über das Vermögen des Schädigers eröffnet wurde oder ein Insolvenzantrag mangels Masse abgelehnt wurde oder
- wenn der Aufenthaltsort/Adresse des Schädigers unbekannt ist (und Auffindungs- und Zustellungsversuche fehlgeschlagen sind) oder
- der Schädiger seine Ansprüche gegen den Versicherer an den Geschädigten (schriftlich) abgetreten hat.

Direktversicherung

Die Direktversicherung ist die Lebensversicherung, die auf das Leben eines Arbeitnehmers durch seinen Arbeitgeber im Rahmen der betrieblichen Altersversorgung (Betriebsrentengesetz) abgeschlossen wurde.
Es können zwei Formen der Direktversicherung unterschieden werden: Zum einen die Direktversicherung, die ausschließlich vom Arbeitgeber finanziert wird, und zum anderen die Direktversicherung, die vom Arbeitnehmer durch Gehaltsumwandlung finanziert wird. Auf die Gehaltsumwandlung zum Zwecke der betrieblichen Altersversorgung besteht ein (gedeckelter) Rechtanspruch des Arbeitnehmers. Bezugsberechtigt sind der Arbeitnehmer und im Todesfall seine Angehörigen.

Dread-Disease-Versicherung

Aufgrund unserer Lebensweise und der Umweltbelastungen steigt die Zahl der lebensbedrohlichen Krankheiten (z. B. Krebs) stetig an. Beispielsweise kann nach einem Herzinfarkt oft der Beruf nicht oder nur noch eingeschränkt ausgeübt werden, was zu Einkommensverlusten und damit auch Problemen bei der Finanzierung der gesetzlichen, betrieblichen und privaten Altersversorgung führt.
Ziel der „Dread-Disease-Police“ (übersetzt bedeutet „dread disease“ soviel wie „schlimme Krankheit“) ist es, beim Auftreten von schweren und lebensbedrohlichen Krankheiten die Zusatzkosten (z. B. für medizinische Versorgung oder Umbauten im Wohnbereich) und die Einkommensverluste durch eine einmalige Kapitalzahlung auszugleichen bzw. abzumildern.

Folgende Krankheiten werden hier unter anderem versichert:

- Krebs
- Herzinfarkt
- Schlaganfall
- Lähmungen
- Bypass- und Herzoperationen
- Blindheit und Taubheit
- Koma
- Multiple Sklerose
- Organtransplantationen
- Parkinson
- Alzheimer
- Gehirntumore
- Schwere Verbrennungen
- Diabetes
- Insuffizienz innerer Organe.

In den USA, der Schweiz, Australien, Frankreich und Großbritannien ist diese Versicherung weitaus verbreiteter als bei uns, wobei viele Versicherungskonzerne diese Absicherung inzwischen fest in das Produktprogramm aufgenommen haben.

Bei der Dread-Disease handelt es sich in der Regel um einen Zusatzbaustein zu einer Lebens-, Risiko-, Unfall- oder Rentenversicherung, deren Kapitalzahlung (Soforthilfe) bei der ersten Diagnose oder dem Beginn der Behandlung (wie z. B. Herzoperation oder Chemotherapie) der schweren Krankheit (gemäß Bedingungsliste) fällig wird, wobei der Hauptvertrag (z. B. die Unfall- oder Rentenversicherung) weiterhin bestehen bleibt. Auch selbstständige Dread-Disease-Police sind inzwischen am deutschen Versicherungsmarkt zu erwerben, die insbesondere für Selbstständige (ohne umfassenden gesetzlichen Schutz bzw. mit hohen Versorgungslücken) konzipiert wurden.

Dynamik

Die Versicherungssumme wird zum Ausgleich für den steigenden Versorgungsbedarf (bedingt durch steigende Einkommen und Inflation) jährlich um einen bestimmten Prozentsatz angepasst/erhöht. Damit steigt natürlich auch proportional der Beitrag. Diese Anpassung wird bei Vertragsabschluss vereinbart und jährlich automatisch durch den Versicherer – ohne erneute Risikoprüfung bei der Lebensversicherung – durchgeführt. Der Versicherungsnehmer kann der Dynamik in der Lebensversicherung jederzeit widersprechen oder diese ganz kündigen. In Sachsparten (z. B. Hausratpolicen) löst die Dynamik kein Sonderkündigungsrecht des Kunden aus, sondern eine Vertragsauflösung ist erst zu nächsten Fälligkeit bzw. dem Wirksamwerden der Erhöhung unter Einhaltung bestimmter Kündigungsfristen (z. B. 3 Monate vorher) möglich.

Erstprämie

Von Erstprämie spricht man dann, wenn es sich um die Prämie für eine vorläufige Deckungszusage, die erste Prämie eines Versicherungsvertrages oder die Prämie für einen Nachtrag handelt. Diese ist seit 01.01.2008 unverzüglich nach Ablauf von zwei Wochen nach Zugang des Versicherungsscheins fällig. Nach altem Recht war die Prämie sofort nach Vertragsschluss fällig.

Erstprämienverzug

Der Versicherer kann seinen Anspruch auf Erstprämie (→ dort) nach vergeblicher Zahlungsaufforderung an den Versicherungsnehmer gemäß Versicherungsvertragsgesetz. durch Erhebung der Klage und Beantragung eines Mahnbescheids geltend machen.
Der Versicherer hat hierbei nicht nur Anspruch auf die Prämien, sondern auch auf Zinsen und Kosten, die durch den Zahlungsverzug entstanden sind.

Für bis 31.12.2007 geschlossene Verträge galt: Unternimmt der Versicherer innerhalb von 3 Monaten ab Prämienfälligkeit nichts, gilt dies als Rücktrittsfiktion und der Vertrag ist beendet. Der Versicherer kann jedoch eine angemessene Geschäftsgebühr verlangen.
Für alle seit dem 01.01.2008 geschlossenen Verträge gilt: Eine Rücktrittsfiktion durch Zeitablauf entfällt. Dafür kann der Versicherer bis zum Ablauf der Verjährungsfrist (→ dort) seinen Prämienanspruch gerichtlich geltend machen.

Grundsätzlich ist der Versicherer bei Nichtzahlung der Erstprämie leistungsfrei (→ dort). Nach neuem Recht seit dem 01.01.2008 muss der Versicherer über die Leistungsfreiheit ausdrücklich belehren und der Versicherungsnehmer die Nichtzahlung zu vertreten haben. Das heißt, z. B. ein Verzug wegen schwerer nachweisbarer Erkrankung kann die Leistungspflicht des Versicherers trotzdem bestehen.

Besteuerung von Renteneinkünften

Leibrenten (→ dort), die auf Altersvorsorgebeiträgen beruhen, werden ab dem 01.01.2005 (Einführung des Alterseinkünftegesetzes) mit 50 % der Besteuerung unterliegen. Dies gilt auch für alle Bestandsrenten (Renten, die schon vor 2005 gezahlt wurden und noch werden).
Nach Angaben des Finanzministeriums bleiben ab 2005 nur noch Monatsrenten bis 1.574,00 Euro steuerfrei, vorausgesetzt, dass neben der Rente keine anderen Einkünfte zu versteuern sind.
Der steuerpflichtige Anteil der Rente wird für jeden neu hinzugekommenen Rentnerjahrgang, d. h. ab 01.01.2005, bis zum Jahr 2020 in Schritten von 2 % auf 80 % und anschließend in Schritten von 1 % bis zum Jahr 2040 auf 100 % angehoben. Der sich nach Maßgabe dieser Prozentsätze ergebende, steuerfrei bleibende Teil der Jahresbruttorente wird für jeden Rentnerjahrgang auf Dauer festgeschrieben. Dies nennt man auch Kohortenmodell.

Beispiel: Frau Mayer bekommt ab 1.1.2008 eine Leibrente von 1.000 Euro monatlich. Wie viel muss sie im Jahre 2008 im Rahmen Ihrer Einkommenssteuererklärung versteuern?

Dabei hilft folgende Tabelle:

Jahr des Renten-beginns	Besteue-rungsanteil in v.H.	Jahr des Renten-beginns	Besteue-rungsanteil in v.H.
bis 2005	50	2009	58
ab 2006	52	2010	60
2007	54	2011	62
2008	56	2012	64

Jahr des Renten-beginns	Besteue-rungsanteil in v.H.	Jahr des Renten-beginns	Besteue-rungsanteil in v.H.
2013	66	2027	87
2014	68	2028	88
2015	70	2029	89
2016	72	2030	90
2017	74	2031	91
2018	76	2032	92
2019	78	2033	93
2020	80	2034	94
2021	81	2035	95
2022	82	2036	96
2023	83	2037	97
2024	84	2038	98
2025	85	2039	99
2026	86	2040	100

Das heißt, Frau Mayer müsste 2008 56 % ihrer Rente (560 Euro) versteuern, wobei hierbei noch

- ihre Gesamteinkünfte (Freibetrag bzw. Progression) betrachtet werden müssen und
- Werbungskosten-Pauschbeträge abgezogen werden können.

Erstrisikoversicherung

Eine Versicherung auf erstes Risiko bedeutet, dass der Versicherer alle Schäden bis zur Höhe der Versicherungssumme begleicht, ohne Rücksicht darauf, ob die Versicherungssumme dem Versicherungswert (Wert der versicherten Sachen) entspricht. Dies ist beispielsweise im Rahmen der Unterversicherungsverzichtsklausel (→ dort) der Fall.

Erweiterte Einlösungsklausel

Normalerweise beginnt der Versicherungsschutz erst mit Zahlung der ersten Prämie. Wenn diese Klausel vereinbart ist, beginnt der Versicherungsschutz sofort mit dem vereinbarten Zeitpunkt, wenn die Prämie durch den Versicherungsnehmer unverzüglich nach Erhalt der Rechnung (spätestens nach 14 Tagen) bezahlt wird. Somit gibt es keine Lücke im Versicherungsschutz. Diese Klausel ist standardmäßig in vielen Bedingungen enthalten, ansonsten muss der Versicherungsvermittler den Kunden auf die Möglichkeit der Vereinbarung dieser Klausel oder die Vereinbarung einer vorläufigen Deckungszusage (→ dort) hinweisen.

Hinweis: Seit 01.01.2008 (neues VVG) sind die Erst- und Folgeprämie erst nach Ablauf von 2 Wochen ab Erhalt des Versicherungsscheins plus Verbraucherinformationen (Vertragsschluss) bzw. nach Fälligkeit (bei Folgeprämie) zu zahlen.

Erwerbsminderungsrente

Für alle Versicherten, die nach dem 1. Januar 1961 geboren sind, gibt es keinen Berufsunfähigkeitsschutz in der gesetzlichen Rentenversicherung mehr. Bis Ende 2000 hatten qualifizierte Arbeitnehmer, die ihren erlernten Beruf nicht mehr ausüben konnten, einen Anspruch auf Berufsunfähigkeitsrente. Ungelernte Arbeitnehmer hatten diese Möglichkeit nicht. Für die Bewilligung der Rente ist nur noch die verbliebene Leistungsfähigkeit ausschlaggebend – unabhängig vom ausgeübten Beruf. Diese neue Rente nennt man Erwerbsminderungsrente. Unter Umständen muss daher ein qualifizierter Arbeitnehmer, der aus gesundheitlichen Gründen nicht mehr in seinem Beruf arbeiten kann, auch einen weniger qualifizierten Job annehmen, da sein generelles Arbeitsvermögen für eine (stundenweise) andere Tätigkeit ausreicht.

Stufen der Erwerbsminderung:

Bei einem Leistungsvermögen von	*erhält ein Versicherter*
unter drei Stunden:	volle Erwerbsminderungsrente
drei bis unter sechs Stunden:	halbe Erwerbsminderungsrente
sechs und mehr Stunden:	keine Erwerbsminderungsrente

Wer mindestens drei, aber weniger als sechs Stunden täglich arbeiten kann und keinen Teilzeitarbeitsplatz findet, bekommt auch die volle Erwerbsminderungsrente.

Expertise

Gutachten eines Sachverständigen im Schadensfall. In den Versicherungsbedingungen kann ein sogenanntes Schiedsverfahren unter Einbeziehung von bestimmten Sachverständigen vereinbart sein, um Streitigkeiten zwischen Kunden und Versicherer im Leistungsfall beizulegen.

Folgeprämie

Die Folgeprämie bzw. laufende Prämie ist in der Regel die der Erstprämie folgende Prämie für eine Versicherungsperiode. Folgeprämien sind innerhalb eines Monats (bei jährlicher Zahlungsweise) oder innerhalb von 14 Tagen (bei monatlicher Zahlungsweise) vom Fälligkeitstag an kostenfrei an den Versicherer zu zahlen.
Seit 01.01.2008 gilt eine generelle Zahlungsfrist von 2 Wochen, bei der Krankenversicherung von 2 Monaten.

Folgeprämienverzug

Beim Folgeprämienverzug gemäß Versicherungsvertragsgesetz muss der Versicherer ein qualifiziertes Mahnschreiben erstellen.
Das qualifizierte Mahnschreiben an den Versicherungsnehmer muss mindestens enthalten:

- die Prämienforderung (Höhe und Zusammensetzung)
- die Zahlungsfrist (mindestens 2 Wochen) und
- die Rechtsfolgenbelehrung (für den Fall der Nichtzahlung: Leistungsfreiheit/Kündigungsrecht/Beitragsfreistellung).

Die qualifizierte Mahnung bedarf der Schriftform. Der Versicherer hat nach Mahnung zwei Varianten der Kündigungsmöglichkeit des Vertrages. Zum einen die verbundene Kündigung zum Ablauf der letzten Zahlungsfrist zusammen mit der qualifizierten Mahnung (ein Schreiben an den Kunden) und zum anderen die isolierte Kündigung (mit gesondertem Schreiben) nach Ablauf der Zahlungsfrist in der qualifizierten Mahnung. Nach Wirksamwerden der Kündigung hat der Kunde nochmals einen Monat Zeit den Vertrag durch Zahlung der Folgeprämie wieder aufleben zu lassen.

Fondsgebundene Lebensversicherung

Der Sparanteil einer gemischten Lebensversicherung (Todes- und Erlebensfallzahlung) wird in einen offenen Investmentfonds nach Wunsch des Kunden (z. B. Aktien-, Immobilien- oder Rentenfonds) bzw. nach gewünschter Anlageklasse (z. B. risiko-, chancen- oder wachstumsorientiert) investiert. Wegen der börsenabhängigen Entwicklung kann üblicherweise keine Verzinsung des angesparten Kapitals garantiert werden. Inzwischen sind jedoch auch sogenannte Garantieprodukte am Markt, die ein bestimmtes Niveau (z. B. Höchststandsgarantie) oder die Ausschüttung der eingezahlten Beiträge garantieren. Diese Garantie geht jedoch zu Lasten der Rendite.

Freizügigkeit

Besondere Vereinbarung mit dem Versicherer, dass die versicherten Sachen auch außerhalb des üblichen Versicherungsortes bewegt werden dürfen. Sie kann für einzelne Risiken (z. B. Raub) oder Positionen (z. B. Handelswaren) mit und ohne Prämienzuschlag festgelegt werden.

Beispiel: In der Hausratversicherung versicherte Sachen sind im Rahmen der sogenannten Außenversicherung (z. B. auf Urlaubsreisen und zu z. B. 10 % der Versicherungssumme) gegen alle Risiken (z. B. Einbruchdiebstahl im Hotelzimmer) versichert.

Gebündelte Versicherung

Hierbei werden mehrere rechtlich selbstständige Versicherungsverträge zu einem Vertrag zusammengefasst, der in einer Police dokumentiert wird. Beispielsweise werden sogenannte „Familienpakete" mit Hausrat-, Haftpflicht- und Unfallversicherung angeboten. Für den Abschluss dieses „Vertragsbündels" – bei dem jedes Einzelrisiko einzeln kündbar bleibt – werden von den Versicherern sogenannte „Bündelrabatte" gewährt.

Gefährdungshaftung

Die Gefährdungshaftung stellt nicht auf das schuldhafte Handeln (Verschulden: Vorsatz oder Fahrlässigkeit) ab, sondern der Kunde/Schädiger haftet allein aus dem Besitz oder dem Betrieb einer Sache (z. B. eines Autos, eines Hundes, eines Atomkraftwerkes). Hierfür gibt es Verträge wie die Tierhalter-, Kfz- oder auch die Gewässerschadenhaftpflichtversicherung.

Beispiel: Wenn der Hund den Postboten ins Bein beißt, kommt es nicht darauf an, ob der Eigentümer „Schuld hat". Es haftet der Eigentümer des Hundes – auch wenn dieser eigentlich nichts dafür kann.

Generationenvertrag

Die jüngere Generation, die sich im Erwerbsleben befindet, zahlt aus ihrem (Arbeits-)Einkommen Beiträge in die gesetzliche Rentenversicherung ein, aus der die Renten der älteren Generation, die nicht mehr arbeiten kann oder muss, bezahlt werden. Das Umlageverfahren (Beitragseinnahmen werden sofort für Rentenzahlungen verwendet) hat jedoch aufgrund der demografischen Entwicklung (z. B. mehr Rentner als Erwerbstätige) und der Veränderungen auf dem Arbeitsmarkt (z. B. hohe Arbeitslosigkeit, geringfügige Beschäftigungsverhältnisse) zu großen Finanzierungslücken geführt, die bisher der Staat mit Bundeszuschüssen ausgleicht. Reformbestrebungen (z. B. Absenkung des Rentenniveaus bis auf eine Mindestrente, Erhöhung des Renteneintrittsalters, Veränderung der Berufsunfähigkeitsversorgung) wurden bereits durchgeführt bzw. sind im Planungsstadium.

Gliedertaxe

Die Gliedertaxe bildet die Grundlage für den Grad der unfallbedingten, dauerhaften Invalidität. Bei Verlust oder ständiger Funktionsunfähigkeit der in der Gliedertaxe genannten Körperteile und Sinnesorgane gelten ausschließlich die in der Gliedertaxe genannten Invaliditätsgrade. Danach wird die Leistung in der privaten Unfallversicherung bemessen. 100 % Invaliditätsgrad bedeuten in der Regel 100 % der Versicherungssumme. Gliedertaxen werden unternehmensindividuell festgelegt und können auch sogenannte Progressionen (Erhöhung der Leistungen ab bestimmten Invaliditätsgraden) vorsehen.

Beispiel: Ein Verlust des Fußes bedeutet 40 % und ein Verlust einer Hand 55 % Invaliditätsgrad laut Gliedertaxe.

Hinweis: Die meisten Unfälle führen zu niedrigen Invaliditätsgraden (in der Regel bis 30 %), deshalb ist eine gute Absicherung gerade in diesen Bereichen notwendig.

Grundfähigkeitsabsicherung

Als eine Alternative zu Berufsunfähigkeits- oder Unfallversicherung bietet sich die Grundfähigkeitsversicherung an. Hier tritt der Leistungsfall ein, wenn bestimmte Grundfähigkeiten in Folge einer Krankheit, alterungsbedingtem Verschleiß oder eines Unfalls verloren gehen. Wenn der Versicherte beispielsweise auf beiden Augen weniger als 4 % Sehfähigkeit hat, leistet die Versicherung unabhängig davon, ob er mit der gesundheitlichen Einschränkung im weiteren Verlauf seines Lebens noch arbeiten kann oder nicht. Damit hat jeder – vor allem auch Kinder und Jugendliche – die Möglichkeit, sein Leben auch nach dem Schicksalsschlag wieder aufzubauen, ohne auf die Absicherung durch die Grundfähigkeitsrente zu verzichten. Geleistet wird, wenn im Sinne eines einfachen Fähigkeitenkatalogs infolge von Krankheit, Körperverletzung oder Kräfteverfall eine Beeinträchtigung vorliegt. Ein Arzt muss feststellen, dass mindestens eine oder mehrere der in den Bedingungen genau beschriebenen Aktivitäten ohne Hilfsmittel mindestens zwölf Monate lang ununterbrochen nicht ausgeführt werden konnten/können (z. B. Treppen steigen, gehen oder sitzen). Ausgenommen sind dabei vorhandene künstliche Gliedmaßen.

Haftungsarten

Es existieren nach deutschem Haftungsrecht die folgenden drei Haftungsarten: 1. die Verschuldenshaftung (§823 BGB und §831 BGB), 2. die Gefährdungshaftung (z.B. §833 BGB oder §7 StVG) und 3. die Vertragshaftung (z.B. aus vertraglichen Bestimmungen). Nach §823 BGB gelten als Voraussetzungen für die Verschuldenshaftung: schuldhaftes Handeln des Schädigers, verletzen eines Rechtsgutes durch den Schädiger in Form einer widerrechtliche Handlung, zwischen der Handlung und dem Schaden muss ein Kausalzusammenhang bestehen und der Schädiger muss deliktfähig sein. Zur Gefährdungshaftung (→ dort). Die Vertragshaftung setzt das Bestehen eines gültigen Vertragsverhältnisses zwischen dem Schädiger und dem Geschädigten voraus sowie die mangelnde Erfüllung der Vertragsvereinbarungen (z.B. Gesundheitsschäden durch fehlerhafte oder verdorbene Produkte wie Lebensmittel).

Hinweis: Zu jeder Haftungsart gibt es bestimmte Versicherungsprodukte, die den Versicherungsschutz jedoch meist auf festgelegte Summen (Deckung) beschränken.

Halbzwingende Vorschrift

Von bestimmten Vorschriften des Versicherungsvertragsgesetzes kann nur dann mittels Vereinbarung abgewichen werden, wenn die Abweichung nicht zu Nachteilen für den Versicherungsnehmer führt.

Betriebliche Altersversorgung

Aufgrund sinkender gesetzlicher Rentenansprüche (z. B. durch Heraufsetzung des Renteneintrittsalters und des demographischen Faktors) setzt der Staat stärker auf Eigenvorsorge seiner Bürger.

Zu diesem Zweck fördert er Betriebsrenten nicht nur steuer- und sozialabgabenrechtlich, sondern hat auch einen Rechtsanspruch für jeden Arbeitnehmer zum Aufbau einer Altersversorgung geschaffen.

Jeder Arbeitnehmer – unabhängig von der Größe des Betriebes – hat laut § 1 a des Betriebsrentengesetzes seit 2002 das Recht

- von seinem Arbeitgeber zu verlangen,
- Teile seines künftigen Entgeltes bis zu 4 % der Beitragsbemessungsgrenze der gesetzlichen Rentenversicherung (das sind 2007: 4.550 Euro monatlich in den neuen Bundesländern und 5.250 Euro monatlich in den alten Bundesländern und 2008: 4.500 Euro monatlich in den neuen Bundesländern und 5.300 Euro monatlich in den alten Bundesländern)
- in eine betriebliche Altersversorgung
- zu investieren.

Jeder Arbeitnehmer kann also z. B. bis zu 212 Euro monatlich (im Jahre 2008) von seinem Gehalt steuer- und sozialabgabenfrei in die eigene Altersversorgung investieren.

Für Arbeitnehmer lohnt sich diese sogenannte Entgeltumwandlung auf jeden Fall, da diese Brutto für Netto einzahlen können und – neben dem Aufbau einer staatlich geförderten

Altersrente – der tatsächliche „Verlust“ an Nettogehalt viel kleiner ist.

Dafür wartet allerdings in der Leistungsphase der Betriebsrente der volle persönliche Einkommenssteuersatz und die volle Kranken- und Pflegebeitragspflicht (wenn gesetzlich versichert).

Hinweis: Der Arbeitgeber kann niemanden zum Abschluss oder Eintritt in eine betriebliche Altersversorgung (Entgeltumwandlung) zwingen. Es ist ein Recht der Arbeitnehmer, aber keine Pflicht, eine BAV abzuschließen. Auch müssen Beschäftigte nicht die vollen möglichen 4 % Ihres Lohnes aufwenden, sondern Sie können ganz individuell den individuell leistbaren Betrag bestimmen.

Folgende Durchführungswege stehen für die betriebliche Altersversorgung zur Verfügung:

a) **Direktversicherung** (→ dort)

b) **Pensionskasse** (→ dort)

c) **Pensionsfonds** (→ dort)

Als weitere Formen der betrieblichen Altersversorgung gibt es außerdem noch die Direkt- oder Pensionszusage (rein arbeitgeberfinanziert) und die (rückgedeckte) Unterstützungskasse (ohne direkten Rechtsanspruch).

Härtefallregelung

Im Rahmen der Gesundheitsreform 2004 wurden für die Leistungen der gesetzlichen Krankenkassen (Ausnahme Zahnersatz) individuelle Belastungsgrenzen eingeführt. Demnach sind die Zuzahlungen jährlich auf 2 % der Bruttoeinnahmen begrenzt, für chronisch kranke Menschen liegt diese Grenze bei 1 %. Bei Zahnersatz kann sich aufgrund geringen Einkommens außerdem der Festzuschussbetrag erhöhen.

Haushaltsglasversicherung

Die zum Haushalt gehörenden Gläser (z. B. Fensterscheiben, Spiegel, Vitrinen, Keramikkochplatten, Verandaverglasung) können zusätzlich über eine Haushaltsglasversicherung versichert werden. Versichert ist das Zerbrechen aller fertig eingesetzten Glasscheiben und aller sonstigen in der Versicherungsurkunde aufgeführten Gegenstände einschließlich der Kosten einer Notverglasung. Nicht in den Versicherungsschutz einbezogen sind Oberflächenbeschädigungen (Kratzer, Absplitterungen), undichte Randverbindungen (Blindwerden von Isolierverglasungen), Beleuchtungskörper, Hohlgläser (z. B. Trinkgläser, Lampen), optische Gläser und Handspiegel.

Hausrat

In der Hausratversicherung ist der gesamte Hausrat versichert. Dazu zählen alle Sachen, die zur Einrichtung, zum Gebrauch oder zum Verbrauch dienen, sowie Bargeld und Wertsachen. Gemeint sind alle Sachen, die dem Haushalt des Versicherungsnehmers zur privaten Nutzung dienen. Sachen von Besuchern sind nicht mitversichert. Demzufolge sind alle beweglichen Sachen des Haushaltes des Versicherungsnehmers versichert, die ohne Beschädigung auch an andere Orte gebracht werden können (Möbel, Elektrogeräte, Geschirr, Kleidung, Wertsachen).

Heredität

In der Personenversicherung (z. B. Lebensversicherung) prüft der Versicherer im Rahmen der Risikoübernahme auch die gesundheitlichen Erbanlagen der eigenen und familiären Krankengeschichte. Dies wird unter dem medizinischem Begriff Heredität gefasst.

Höhere Gewalt

Als höhere Gewalt bezeichnet die Rechtsprechung ein von außen kommendes, nicht vorhersehbares und auch durch äußerste vernünftigerweise zu erwartende Sorgfalt nicht abwendbares Ereignis, für das die Versicherer in keiner Sparte – außer bei besonderer Vereinbarung – Versicherungsschutz gewähren.

Beispiele: Krieg, Kriegsgefahren, innere Unruhen, Naturkatastrophen, Reaktorunfälle und Terroranschläge.

Implosion

Bei einer Implosion handelt es sich um eine durch einen äußeren Überdruck ausgelöste, als Folge eines inneren Unterdrucks stattfindende Zerstörung eines Hohlkörpers. Diese Gefahr in z. B. in der Hausratversicherung abgedeckt.

Invaliditätsleistung

Die Invaliditätsleistung ist die Hauptleistung der privaten Unfallversicherung und wird unter folgenden Voraussetzungen erbracht:

a) dauerhafte Beeinträchtigung der versicherten Person in ihrer körperlichen oder geistigen Leistungsfähigkeit infolge eines Unfalls gemäß Bedingungen
b) Invalidität ist innerhalb eines Jahres nach dem Unfall eingetreten
c) Innerhalb von 15 Monaten nach dem Unfall von einem Arzt schriftlich festgestellt und beim Versicherer geltend gemacht worden.

Hinweis: Da ein Versehrter auch innerhalb eines Jahres an den Unfallfolgen sterben kann, erbringen die Versicherer erst die Invaliditätsleistung nach Ablauf von 12 Monaten. Der Versicherer hat jedoch in der Regel Anspruch auf die vereinbarte Unfall-Todesfall-Leistung als Vorschusszahlung.

Invitatio-Modell

Für Neuverträge ab 01.01.2008 hat der Gesetzgeber in der Änderung des Versicherungsvertragsgesetzes (VVG) den Wegfall des Policenmodells (Unterlagen zum Vertrag werden erst mit dem Versicherungsschein übersandt) und als Standard das Antragsmodell (alle Unterlagen vor Vertragsabschluss) beschlossen.

Um den Verkauf von Produkten weiter vereinfacht zu gestalten, greifen die Versicherer auf eine Regelung des BGB zurück, über die der Kunde ausdrücklich belehrt werden und schriftlich einwilligen muss.

Hierbei wird der Wunsch des Kunden als unverbindliche Anfrage an den Versicherer (und nicht als Antrag) gedeutet. Der Versicherer schickt erst auf diese Anfrage (invitatio ad offerendum) einen Antrag (Angebot) mit ausführlichen Informationen (z. B. Bedingungen, Rechte) an den Kunden. Diesen Antrag muss der Kunde ausdrücklich (in der Regel) schriftlich annehmen. Riskant dabei ist, dass vor dem Vertragsschluss (Annahme durch den Kunden) auch kein Versicherungsschutz besteht, was zu Problemen führen kann.

Jagdhaftpflichtversicherung

Sie deckt die möglichen Risiken, die bei der Ausübung der Jagd entstehen können. Versichert ist die Jagdtätigkeit sowie der Gebrauch und Besitz von Schusswaffen und das Halten von ein bis zwei Jagdhunden ohne gesonderte Hundehaftpflichtversicherung.

Kapitallebensversicherung

Hierbei handelt es sich um eine Form der Lebensversicherung, die nicht nur eine Leistung im Todesfall des Versicherten erbringt, sondern durch Ansammlung und ggf. Verzinsung von Sparbeiträgen des Kunden auch eine vereinbarte Erlebensfallsumme auszahlt.

Klauseln

Klauseln dienen der individuellen Erweiterung bzw. Ausgestaltung (oder auch Einschränkung) des Versicherungsschutzes. Bei Risikoerweiterungen sind Klauseln oft mit einem Prämienzuschlag verbunden.

Komageld

Das Komageld ist eine Leistung für den Zeitraum des komatösen Zustandes des Versicherten. In der Unfallversicherung ist es im Regelfall nicht eingeschlossen, kann aber teilweise gegen Zuschlag mitversichert werden. Es werden auch Tarife am Markt angeboten, bei denen das Komageld bereits beitragsfrei versichert ist.

Lastschriftverfahren

Beim Lastschriftverfahren handelt es sich um eine Abbuchungsermächtigung für den Zahlungsempfänger (Versicherungsunternehmen), vom Konto des Zahlungspflichtigen (Versicherungsnehmer) fällige Prämien einzuziehen.
Hierbei trägt der Versicherer die Verantwortung für die pünktliche Abbuchung und der Kunde hat bei Erteilung der Lastschriftermächtigung sofortigen Versicherungsschutz.
Vor- und Nachteile des Lastschriftverfahrens für den Kunden (Zahlungspflichtigen):

Vorteile:
- Schutz vor Versäumnissen, keine Terminüberwachung
- Keine Mahngebühren
- Rückbuchungsmöglichkeit
- Zeitersparnis
- Nicht auf festgeschriebenen Betrag festgelegt, wie ein Dauerauftrag

Nachteile:
- Willkür des Zahlungsempfängers z. B. hinsichtlich Einzugszeitpunktes
- Verlust des Überblicks, z. B. beim Einkauf mit EC-Karte
- Zeitpunkt der Bezahlung kann im Gegensatz zur Überweisung nicht selbst gewählt werden, dadurch Einschränkung der Liquidität
- Konto muss zu jedem Zeitpunkt Deckung aufweisen

Leibrenten

Leibrenten sind lebenslang gewährte Zahlungen, die nicht vererbt oder veräußert werden können. Leibrenten gibt es im Versicherungsbereich, aber auch beim Verkauf von Immobilien (statt einmaliger Zahlung des Kaufpreises wird eine lebenslange Rentenzahlung vereinbart).

Zu den Leibrenten, die seit 2005 nachgelagert besteuert werden (→ Wissenswertes S. 26), gehören:

- Renten aus den gesetzlichen Rentenversicherungen
- Renten aus den landwirtschaftlichen Alterskassen
- Renten aus berufsständischen Versorgungseinrichtungen und

- Renten aus Leibrentenversicherungen, die nach dem 31.12.2004 abgeschlossen worden sind, vorausgesetzt, dass diese Leibrentenversicherungen die Zahlung einer monatlichen lebenslangen Leibrente vorsehen und die Rentenzahlungen nicht vor Vollendung des 60. Lebensjahres beginnen.

Leistungsfreiheit

Leistungsfreiheit bedeutet, dass der Versicherer unter bestimmten Umständen von der Verpflichtung, seine Leistung zu erbringen, frei sein kann, d. h. er muss keine oder keine vollständige Schadenzahlung leisten. Die Leistungsfreiheit greift z. B. bei einer Obliegenheitsverletzung (d. h. wenn der Versicherungsnehmer seinen vertraglichen Verpflichtungen nicht nachkommt) oder im Falle des Verzuges der Prämienzahlung oder nach Ablauf der Klagefrist.

Leistungsort

Leistungsort ist nach dem Versicherungsvertragsgesetz der Wohnsitz bzw. Sitz der Niederlassung des Versicherungsnehmers. Die Prämie ist eine Schickschuld. Das heißt, der Versicherungsnehmer hat die Prämie

- auf seine Kosten (z. B. Überweisungsgebühren)
- und seine Gefahr (z. B. er trägt Risiko des Verlorengehens oder der Fehlbuchung)

an den Versicherer zu übermitteln.

Durch Vereinbarung des Lastschriftverfahrens (→ dort) wird die Schickschuld des Versicherungsnehmers zu einer Holschuld des Versicherers (rechtzeitiger Prämieneinzug).

Leitungswasser

Leitungswasser ist Wasser, das bestimmungswidrig ausgetreten ist aus:

- Zu- oder Ableitungsrohren der Wasserversorgung oder damit verbundenen Schläuchen,
- mit dem Rohrsystem verbundenen Einrichtungen oder aus deren wasserführenden Teilen,
- Anlagen der Warmwasser- oder Dampfheizung,
- Einrichtungen von Klima-, Wärmepumpen- oder Solarheizungsanlagen.

Dem Leitungswasser in der Sachversicherung gleichgestellt sind Wasserdampf und wärmetragende Flüssigkeiten (Sole, Öle, Kühlmittel, Kältemittel).

Liebhaberwert

In der Sachversicherung sind in der Regel nur bestimmte Werte der versicherten Sachen versicherbar. Der Liebhaberwert, das heißt, der subjektive Wert von Dingen (wie z. B. alten Erbstücken) ist nicht Gegenstand der Versicherung, sondern nur der reine Sachwert oder der Wiederbeschaffungswert funktional gleicher Sachen.

Drei-Schichten-Modell

Zum 1. Januar 2005 trat das Alterseinkünftegesetz (AltEinkG) in Kraft. Ziel des AltEinkG ist es, die bisherige Ungleichbehandlung der Besteuerung von Renten und Pensionen aufzuheben. Im Vorfeld der Gesetzgebung wurde eine Kommission unter Vorsitz von Professor Bert Rürup einberufen, damit sie das gesamte Einkommensteuerrecht im Hinblick auf Alterseinkünfte beurteilt. Ein Ergebnis: das Drei-Schichten-Modell, das eine andere Besteuerungssystematik für Alterseinkünfte vorsieht.

Erste Schicht: Basisversorgung

Die hier durch Beitragszahlung erworbenen Ansprüche können in der Regel nicht vererbt, beliehen, veräußert oder übertragen werden, sondern dienen der lebenslangen Absicherung des Versicherten.

Langfristig wird auf eine nachgelagerte Besteuerung umgestellt, während die Beiträge durch Sonderausgabenabzug steuermindernd sein werden.

Zur Basisversorgung zählt die gesetzliche Rentenversicherung (GRV), die berufsständische Versorgung, die Alterssicherung der Landwirte sowie ab 2005 die sogenannte Rürup-Rente.

Steuerliche Berücksichtigung findet die Basisversorgung in Form des Sonderausgabenabzugs. Als Sonderausgaben können ab dem Jahr 2005 60 % der Vorsorgeaufwendungen, bei einem maximalen Betrag von 12.000 Euro bei Einzelveranlagung (24.000 Euro bei Ehegatten) abgezogen werden. Die Prozente erhöhen sich dann jährlich um 2 %, bis im Jahr 2025 100 % erreicht sind. Die Höchstbeträge belaufen sich dann auf 20.000 Euro bei einer Einzelveranlagung und bei Ehegatten auf 40.000 Euro.

Zweite Schicht: Zusatzversorgung

Beitragsausgaben für die Zusatzversorgung werden in beschränktem Umfang als Sonderausgaben steuermindernd anerkannt. Bei der betriebliche Altersversorgung wird beispielsweise nur der Aufbau von Versorgungszusagen, die eine lebenslange Auszahlung vorsehen, in der Ansparphase steuer- und sozialabgabenfrei gestellt; eine Kapitalabfindung wird nicht länger steuerlich gefördert.

Zur Zusatzversorgung gehören die betriebliche Altersversorgung (BAV) sowie die Riester-Rente.

Nach § 10a Abs. 1 EStG können Altersvorsorgebeiträge (Riester-Rente) von Pflichtversicherten in der gesetzlichen Rentenversicherung, bis zu einer Höhe von maximal

Veranlagungszeitraum 2002/2003:	525 Euro
Veranlagungszeitraum 2004/2005:	1.050 Euro
Veranlagungszeitraum 2006/2007:	1.575 Euro
ab Veranlagungszeitraum 2008:	2.100 Euro

als Sonderausgaben von der Summe der Einkünfte abgezogen werden. Allerdings erfolgt eine Günstigerprüfung mit der Sparzulage gem. § 83 EStG. Die oben genannten Beträge verstehen sich abzüglich Grund- und Kinderzulagen.
Bei der betrieblichen Altersvorsorge ist die Möglichkeit des Sonderausgabenabzugs nicht vorgesehen. Allerdings ist sie bis zu 4 % der aktuellen Beitragsbemessungsgrenze in Rentenversicherung zzgl. 1.880 Euro für Neuverträge, wenn keine „Riester-Rente“ nach § 3 Nr. 65 EStG vorliegt, steuerfrei.

Außerdem besteht eine Sozialversicherungsfreiheit in der Ansparphase, dafür volle Verbeitragung in der Kranken- und Pflegeversicherung in der Rentenbezugsphase.

Dritte Schicht: Kapitalanlageprodukte

Sonstige Vorsorgeaufwendungen, die nicht zu den definierten Altersvorsorgeprodukten gezählt werden, können wie bisher als Sonderausgaben abgezogen werden. Die Höchstgrenzen wurden jedoch neu und reduziert festgesetzt.

Hierzu werden Produkte gerechnet, die der Altersvorsorge dienen können, steuerlich aber nicht gefördert werden sollen. Prominentestes Beispiel: die Lebensversicherung, aber auch Aktien, Fonds und andere Kapitalanlagen. Hier ist für Neuverträge keine Förderung vorgesehen. Allerdings können Altverträge, die bis zum 31.12.2004 geschlossen wurden, mit 88 % der Versicherungsprämien bei den sonstigen Vorsorgeaufwendungen in der Einkommensteuererklärung angesetzt werden.

Sonderausgabenabzug

Der neu geschaffene Sonderausgabenabzug beträgt für Ledige 20.000 Euro bzw. für Verheiratete 40.000 Euro. Im Jahre 2005 sind davon 60 % steuerlich ansetzbar (das heißt, er mindert das zu versteuernde Einkommen). Bis 2025 steigt dieser Anteil um 2 %-Punkte jährlich auf 100 %. Dieser Betrag wird bei Arbeitnehmern allerdings um den steuerfreien Arbeitgeberanteil zur gesetzlichen Rentenversicherung gekürzt – Vergleichbares gilt auch für Freiberufler, die in ein Versorgungswerk einzahlen. Auch bei Beamten und anderen Personen, die einen Anspruch ganz oder teilweise ohne eigene Beitragsleistung haben, wird eine Kürzung um einen fiktiven Arbeitgeberanteil vorgenommen.

Luftfahrzeugabsturz

Ein Luftfahrzeugabsturz ist der Anprall oder Absturz eines Luftfahrzeuges, seiner Teile oder seiner Ladung. Dieser ist im Rahmen der Hausratversicherung abgedeckt.

Materieller Versicherungsbeginn

Dies ist der Beginn des Versicherungsschutzes (Leistungsversprechen des Versicherers), das heißt ab diesem Zeitpunkt werden eintretende Schäden bezahlt. Der materielle Versicherungsbeginn tritt erst nach Erstprämienzahlung (Einlösung des Vertrages) ein bzw. bei Vereinbarung einer erweiterten Einlösungsklausel (→ dort) schon früher.

Meldefrist

Nach jedem Schadensfall muss der Versicherer unverzüglich informiert werden. Unverzüglich bedeutet juristisch ohne schuldhaftes Zögern, das heißt in der Regel sofort. Viele Versicherer bieten deshalb Schadenshotlines rund um die Uhr an. Wenn diese Meldefrist schuldhaft versäumt wird, muss man mit Sanktionen des Versicherers (z. B. Leistungskürzung) rechnen.

Beispiel: Nach einem Unfall, der voraussichtlich eine Leistungspflicht der privaten Unfallversicherung herbeiführt, müssen Sie unverzüglich einen Arzt hinzuziehen, seine Anordnungen befolgen und die Unfallversicherung informieren. Hat ein Unfall den Tod zur Folge, gilt eine Meldefrist von 48 Stunden.

Mitversicherung

Bei der Mitversicherung beteiligen sich mehrere Versicherer an einem Risiko. Jeder Versicherer übernimmt einen bestimmten Betrag oder eine Quote der Versicherungssumme. Der Versicherungsnehmer schließt mit jedem der Versicherer einen Vertrag über den entsprechenden Anteil ab. Das wird im Versicherungsschein festgehalten. Tritt ein Schaden ein, so haften alle Versicherer in Höhe ihres Anteils an der Gesamtversicherungssumme. Aus Vereinfachungsgründen übernimmt in der Regel der Versicherer mit dem höchsten Anteil die Abwicklung. In der Praxis kann der Kunde im Bereich der Sachversicherung (z. B. Hausrat) durchaus bei mehreren Versicherern in dieser Form abgesichert sein.

Beispiel: Ein Kunde kann Vertrag A bei Versicherer A vor Ablauf von 5 Jahren nicht ordentlich kündigen, versichert aber alle neuen Werte (z. B. teure Hi-Fi-Anlage) schon bei Versicherer B, zu dem er später wechseln möchte.

Nebenversicherung

Eine Nebenversicherung liegt vor, wenn eine versicherte Sache durch mindestens zwei unabhängig voneinander bestehende Verträge gegen dieselbe Gefahr versichert ist, ohne dass die Versicherungssummen insgesamt den Versicherungswert übersteigen. Nach Versicherungsvertragsgesetz ist der Versicherungsnehmer verpflichtet, die Versicherer von dem Bestehen weiterer Verträge zu informieren. Bei der Anzeige sind der Versicherer und die Versicherungssumme zu nennen.

Neuwert

In Sachversicherungen kann dieser Wert vereinbart werden. Im Versicherungsfall wird bei der Neuwert-Versicherung der Wert der versicherten Sache in neuem, einwandfreiem Zustand plus evtl. Wiederbeschaffungskosten (z. B. Transport) ersetzt.

Nutzungsausfall

Bei einem fremdverschuldeten Autounfall hat der Geschädigte gegenüber dem Schadenverursacher (bzw. dessen Kfz-Haftpflicht-Versicherung) Anspruch auf einen Mietwagen oder auf Nutzungsausfallentschädigung. Der Nutzungsausfall wird pro Tag und abhängig vom Autotyp pauschal vergütet und bis zur Wiederherstellung/Nutzungsbereitschaft des beschädigten eigenen Kraftfahrzeuges bezahlt.

Obliegenheiten

Obliegenheiten sind Verpflichtungen des Versicherungsnehmers im Rahmen des Versicherungsvertrages.

Beispiele
a) vor und während des Versicherungsvertrages:

- Erteilen von Auskünften auf Verlangen des Versicherers
- Vorvertragliche Anzeigepflicht
- Erstattung von Anzeigen (z. B. Veräußerung der versicherten Sache)
- Unterlassung bzw. Meldung von Gefahrerhöhungen
- Erfüllung von Auflagen zur Schadensverhütung

b) nach Eintritt des Versicherungsfalls:

- Anzeigepflicht des Schadens
- Auskunfts- und Belegpflicht
- Schadenabwendungs- und Schadenminderungspflicht

Zusätzlich kann man die Obliegenheiten noch in gesetzliche (im Versicherungsvertragsgesetz verankert) und vertragliche (gesondert vereinbart, z. B. Einbau eines Feuermelders) einteilen.

Bei schuldhafter (ab 01.01.2008 vorsätzlicher) oder arglistiger Verletzung von Obliegenheiten, die im kausalen Zusammenhang mit einem Versicherungsfall stehen oder in betrügerischer Absicht erfolgten, kann der Versicherer

- die Leistung im Schadensfall verweigern und
- den Vertrag auflösen (Kündigung oder Rücktritt)
- bei Arglist den Vertrag anfechten.

Nach neuer Gesetzeslage (ab 01.01.2008) führt eine einfache oder schuldlose Verletzung von Obliegenheiten nicht mehr zum Verlust des Versicherungsschutzes. Der Versicherer kann bei grober Fahrlässigkeit den Vertrag jedoch innerhalb eines Monats ab Kenntnis der Obliegenheitsverletzung mit Monatsfrist kündigen. Bei grober Fahrlässigkeit kann der Versicherer zudem im Schadensfall eine Kürzung der Versicherungsleistung (Mitverschuldensquote) vornehmen.

Hinweis: Seit 01.01.2008 muss der Versicherer ausdrücklich im Antrag nach allen risikoerheblichen Umständen fragen und der Kunde muss nicht von sich anzeigen bzw. als Laie entscheiden, was wichtig und unwichtig für den Vertrag sein kann.

Pensionsfonds

Bei einer Versorgungszusage für eine betriebliche Altersversorgung durch einen Pensionsfonds werden dem Arbeitnehmer durch den Arbeitgeber Versorgungsleistungen zugesagt. Diese Versorgungsleistungen sind von dem rechtlich selbstständigen Pensionsfonds zu erbringen und der Arbeitnehmer hat auf sie den gleichen Rechtsanspruch wie bei der Pensionskasse.
Der Arbeitgeber ist Trägerunternehmen des Pensionsfonds.
Der Arbeitnehmer ist die versicherte Person und Mitglied des Pensionsfonds.
Der Arbeitnehmer bzw. seine Hinterbliebenen sind die Bezugsberechtigten.
Der Pensionsfonds ist der Träger der Versorgung.
Der Pensionsfonds verfügt über Eigenkapital, Deckungsstock bzw. Deckungsrückstellung zur Absicherung der Versorgungsleistungen wegen Tod und Invalidität und übriges Fondskapital, das dem Asset Manager zur professionellen Vermögensverwaltung zur Verfügung steht.
Renditegarantien gibt es hier in der Regel nicht, allerdings sind die Anlagechancen breit gestreut.

Pensionskasse

Die Pensionskasse ist eine Versorgungseinrichtung, die von einem oder mehreren Unternehmen getragen wird. Zumeist wird sie in der Rechtsform eines VVaG geführt und unter bestimmten Voraussetzungen ist sie von der Körperschaft- und Gewerbesteuerpflicht befreit. Die Pensionskasse gewährt anders als die Unterstützungskasse einen Rechtsanspruch auf die Leistungen aus der Betrieblichen Altersversorgung. Eine inländische Pensionskasse unterliegt der Versicherungsaufsicht (Bundesanstalt für Finanzdienstleistungsaufsicht oder Länderaufsichtsbehörde) und damit den Kapitalanlage- und Rechnungslegungsvorschriften des Versicherungsaufsichtsgesetzes (VAG).

Bei der über eine Pensionskasse durchgeführten betrieblichen Altersvorsorgung handelt es sich um eine mittelbare Pensionszusage, da der Arbeitgeber die Versorgungsleistung nicht selbst gewährt, sondern dafür einen Dritten (Pensionskasse) hinzuzieht. Hierbei kann es sich um eine betriebliche Pensionskasse handeln, die nur für die Arbeitnehmer des Trägerunternehmens durchgeführt wird.

Pensionskassen werden durch die Zuwendungen (Beiträge) der Trägerunternehmen und deren Erträge finanziert.

Die Pensionskasse kann im Rahmen der Entgelt- bzw. Gehaltsumwandlung (steuer- und sozialabgabenfrei in der Ansparphase) genutzt werden.

Pflegebedürftigkeit

Pflegebedürftig sind Personen, die wegen einer körperlichen, geistigen oder seelischen Krankheit oder Behinderung für die gewöhnlichen und regelmäßig wiederkehrenden Verrichtungen im Ablauf des tägliches Lebens auf Dauer, voraussichtlich für mindestens sechs Monate, in erheblichem oder höheren Maße der Hilfe bedürfen.

Als Ursachen für den Hilfebedarf werden „körperliche, geistige und seelische Krankheiten oder Behinderungen“ im Abs. 2 des § 14 SGB XI noch näher erläutert:

Krankheiten oder Behinderungen im Sinne des Absatzes 1 sind:

- Verluste, Lähmungen oder andere Funktionsstörungen am Stütz- und Bewegungsapparat,
- Funktionsstörungen der inneren Organe oder der Sinnesorgane,
- Störungen des Zentralnervensystems wie Antriebs-, Gedächtnis- oder Orientierungsstörungen sowie endogene Psychosen, Neurosen oder geistige Behinderungen.

Die Leistungen der Pflegeversicherung richten sich nicht nach Art und Schwere einer Krankheit oder Behinderung, sondern allein nach dem Umfang des Hilfebedarfs bei den in § 14 SGB XI genannten gewöhnlichen und regelmäßig wiederkehrenden Verrichtungen des täglichen Lebens. Dementsprechend werden die Pflegebedürftigen drei Pflegestufen zugeordnet.

Policendarlehen

Eine vom Versicherungsnehmer zu verzinsende Vorauszahlung auf die Versicherungsleistung einer kapitalbildenden Lebens- oder Rentenversicherung, die auf den Beleihungswert (meist ca. 80–90 % des Rückkaufswertes) beschränkt ist. Das Policendarlehen kann während der Laufzeit ganz oder teilweise getilgt oder mit Versicherungsleistungen (u. a. bei Kündigung, Tod oder Ablauf) verrechnet werden. Solange das Darlehen in Anspruch genommen wird, müssen Zinsen – zuzüglich zu normalen Prämien – vom Versicherungsnehmer bezahlt werden. Dafür steht der Versicherungsschutz weiter in vollem Umfang zur Verfügung.

Prämienanpassungsklausel

Der Versicherer kann aufgrund gestiegener Schadenausgaben seine Prämie jährlich erhöhen. Hierfür gibt es ein versichererübergreifendes Treuhänderverfahren. Diese Prämienanpassung ist in den Bedingungen verankert.

Der Versicherungsnehmer hat ein Sonderkündigungsrecht für Verträge, die bis 30.7.1994 abgeschlossen wurden, wenn der Versicherer eine Prämienanpassung

- um mehr als 5 % der letzten Prämie und
- um mehr als 25 % der Erstprämie

vornimmt, beziehungsweise für alle anderen Verträge bei jeder Prämienanpassung aufgrund der Prämienanpassungsklausel (ohne Leistungsverbesserungen). Dieses muss er jedoch bis einen Monat nach Eingang der Prämienanpassungsmitteilung ausgeübt haben.

Hinweis: Eine vereinbarte Dynamik löst kein Sonderkündigungsrecht aus, da Prämie und Leistung meist in gleichem Umfang steigen (z. B. zum Inflationsausgleich im Sachversicherungsbereich).

Prozentual-Maximalsystem

In der privaten Krankenversicherung trägt der Versicherer im Prozentual-Maximalsystem einen prozentualen Anteil der Krankheitskosten bis zu einem bestimmten Höchstbeitrag. Alle anderen Kosten trägt der Versicherungsnehmer. Es gibt noch weitere Formen der möglichen Selbstbeteiligung.

Qualifiziertes Mahnschreiben

Beim Folgeprämienverzug gemäß Versicherungsvertragsgesetz muss der Versicherer ein qualifiziertes Mahnschreiben erstellen.

Das qualifizierte Mahnschreiben an den Versicherungsnehmer muss mindestens enthalten

- Prämienforderung (Höhe und Zusammensetzung)
- Zahlungsfrist (mindestens 2 Wochen)
- Rechtsfolgenbelehrung (für den Fall der Nichtzahlung: Leistungsfreiheit/Kündigungsrecht/Beitragsfreistellung)

Die qualifizierte Mahnung bedarf der Schriftform. Das Mahnschreiben kann bereits die Kündigungsandrohung bei Verstreichen der letzten Zahlungsfrist enthalten oder auf ein separates Kündigungsschreiben verweisen.

Raub

Raub liegt vor, wenn eine Person unter Anwendung von Gewalt oder unter Androhung einer Gewalttat am Ort der Versicherung Sachen entwendet werden. Die Tat wird unter Ausnutzung einer Lage begangen, die es der betroffenen Person unmöglich macht, Widerstand zu leisten (diese Lage muss entweder als Folge eines Unfalls oder einer nicht vom Versicherungsnehmer verschuldeten Ursache aufgetreten sein, z. B. Bewusstlosigkeit). Zwischen dem Ausschalten der Widerstandskraft und der Wegnahme der versicherten Sachen muss ein unmittelbarer zeitlicher Zusammenhang bestehen,

Neues Versicherungsvertragsgesetz und Beratungsprotokoll

Zum 01.01.2008 ist das neue Versicherungsvertragsgesetz in Kraft getreten, das für alle Versicherungen Wirkung entfaltet. Wesentliche Änderungen im Überblick:

- Mindestrückkaufswerte bei Direktversicherungen
- Transparenz bei Provisionen
- Schadensersatz bei fehlerhafter Beratung und Dokumentation
- Statt Policen-Modell, das Antragsmodell
- Veränderte Rücktrittsrechte für Versicherer

In diesem Gesetz, aber auch in der Vermittlergesetzgebung, ist bereits seit dem 22.05.2007 vorgeschrieben, bei jeder Beratung – egal zu welcher Versicherungssparte oder aus welchem Grund – ein Beratungsprotokoll zu fertigen.

Beratungsprotokoll (MUSTER)

Kunde:
Anschrift:
Persönliche Daten:

1. Wünsche und Bedürfnisse des Kunden
1.1. Kundenwünsche/Anlass der Beratung
1.2. Kundenbedarf

Hinweis: Bei vielen Sparten gibt es gesetzlich vorgeschriebene Risikoanalysen, die gesondert beigefügt werden müssen!

2. Rat – Begründung – Kundenentscheidung
2.1. Risikobewertung/Komplexität

2.2. In Betracht kommende Versicherungsarten
2.3. Rat und Begründung
2.4. Kundenentscheidung

3. Marktuntersuchung

Hinweis: Je nachdem, ob es sich um einen Einfirmen- oder Mehrfachagenten bzw. Makler handelt, werden andere Bausteine eingefügt.

3.1. Der Versicherungsmakler stützt seinen Rat auf eine objektive, ausgewogene Marktuntersuchung.
3.2. Der Versicherungsmakler stützt seinen Rat auf folgende Versicherer:
Namen der Versicherer:

Oder

Der Versicherungsmakler stützt seinen Rat auf eine beschränkte Anzahl von Versicherern. Der Kunde hat von seinem Recht, die Namen der dem Rat zu Grunde gelegten Versicherer zu verlangen, keinen Gebrauch gemacht.

3.3. Der Versicherungsvermittler ist
a) ausschließlich für folgende Gesellschaft/Konzern tätig:
b) hat Verträge mit folgenden Gesellschaften in folgenden Bereichen:

Ort, Datum Kunde Makler/Vermittler

Der Versicherungsnehmer/Kunde erhält eine Kopie des Beratungsprotokolls. Dies soll spätere Streitigkeiten erleichtern. Einige Vermittler raten zum Verzicht auf ein Beratungsprotokoll, davon ist allerdings aus Haftungsgründen strikt abzuraten.

Weitere Vorschriften

Neben dem Beratungsprotokoll muss der Versicherungsvermittler ab 22.05.2007 sich bei der zuständigen IHK registrieren lassen („erlaubnispflichtiges Gewerbe“) und hierfür

- seine Qualifikation (öffentlich-rechtlicher Abschluss bzw. Sachkundeprüfung der IHK) und
- seine Zuverlässigkeit (z. B. durch SCHUFA-Auszug, Führungszeugnis und Gewerberegisterabschrift) belegen sowie
- eine Vermögensschadenhaftpflicht (für Beratungsfehler) vorweisen.

Obliegenheitsverletzungen beim Versicherungsvertrag

Vor der Reform des Versicherungsvertragsgesetzes war es so, dass bei einer Verletzung von Obliegenheiten (→ dort) die Versicherer oft die gesamte Versicherungsleistung verweigert haben („Alles-oder-Nichts-Prinzip"). Seit dem 01.01.2008 wird dem Kunden ggf. eine Mitschuld quotiert angerechnet. So wird er aber letztendlich besser gestellt, da er überhaupt (teilweise) Versicherungsleistungen erhält.

Beispiele möglicher Kürzungen in der Fahrzeugversicherung:
- Der Sohn des Versicherungsnehmers fährt das Auto des Vaters ohne Führerschein und verursacht einen Unfall. Dem Vater (als Versicherungsnehmer) werden 75 % der Leistung gekürzt.
- Ein Autounfall wird durch ein verbotenes Überholmanöver verursacht. Die Mitschuld beträgt 50 %.
- Ein Auto wird gestohlen, und der Kunde hatte versehentlich den Fahrzeugschlüssel stecken gelassen. Die Entschädigung wird nur 50 % des Fahrzeugwertes betragen, da Mitschuld angerechnet wird.

damit eine Leistungspflicht des Versicherers in der Hausratversicherung besteht.

Nicht versichert ist einfacher Diebstahl oder Trickdiebstahl, da keine Überwindung seitens eines bewussten Widerstandes beim Opfer von Nöten ist, um an die Sachen zu gelangen.

Die Gewalttat oder deren Androhung sowie die Wegnahme der versicherten Sachen muss innerhalb des Versicherungsortes geschehen. Der Versicherungsschutz erstreckt sich nicht auf Sachen, die erst auf verlangen des Täters an den Ort der Wegnahme gebracht werden.

Räuberischer Diebstahl

Räuberischer Diebstahl liegt vor, wenn der Täter in einem Raum eines Gebäudes bei einem Diebstahl angetroffen wird und dann Gewalt anwendet oder mit einer Gewalttat droht, um im Besitz der gestohlenen Sachen zu bleiben.

Wird der Raum durch die richtigen Schlüssel geöffnet, so besteht nur dann Versicherungsschutz, wenn der Täter zuvor den Schlüssel durch Einbruchdiebstahl oder Raub bzw. durch Raub oder einfachen Diebstahl ohne fahrlässiges Verhalten des Besitzers (auch außerhalb der Wohnung) an sich gebracht hat.

Dieser Sachverhalt ist in der Hausratversicherung gedeckt.

Restschuldversicherung

Die Restschuldversicherung ist

a) eine besondere Form der Krankentagegeld-Versicherung. Ihr Zweck liegt in der Absicherung von Kreditrisiken, insbesondere von Abzahlungsgeschäften. Es soll sichergestellt sein, dass im Krankheitsfall die eingegangen Rückzahlungsverpflichtungen erfüllt werden können.
b) eine besondere Form der Lebensversicherung, die im Todesfall des Kreditnehmers das Darlehen ablösen soll, um die Hinterbliebenen vor Zahlungen zu schützen.
c) Bei einem Annuitätendarlehen (regelmäßige Tilgung) sollte fallender Todesfallschutz in der Restschuldversicherung vereinbart werden, um die Versicherungsleistung an die sinkende Kreditschuld anzupassen und so Lebensversicherungsbeitrag zu sparen.

Riester-Rente

Um das System der gesetzlichen Rentenversicherung an die demografische Entwicklung anzupassen, werden die Renten nach der zum 01.01.2002 in Kraft getretenen Rentenreform langsamer als früher steigen. Um die sich daraus ergebende Absenkung des Rentenniveaus auszugleichen, wird ab 01.01.2002 der Aufbau einer zusätzlichen kapitalgedeckten privaten oder betrieblichen Altersvorsorge – besser bekannt unter der Bezeichnung „Riester-Rente“ – staatlich gefördert. Die zusätzliche Altersvorsorge ist freiwillig. Die staatliche Förderung besteht in einer Zulage und einem steuerlichen Sonderausgabenabzug.

Förderberechtigt sind im Wesentlichen Pflichtversicherte in der gesetzlichen Rentenversicherung, aber auch z. B. Beamte, Richter, Berufssoldaten und Soldaten auf Zeit, Ehegatten förderberechtigter Versicherter, sofern sie einen förderfähigen Altersvorsorgevertrag auf den eigenen Namen abschließen und die Ehepartner nicht dauernd getrennt leben („Rucksack- oder Huckepackvertrag“).

„rosa Police“

Ausländische Kraftfahrer ohne anerkannte Kfz-Haftpflicht-Versicherung („Grüne Karte“) müssen eine Grenzversicherung für Europa abschließen, die mit einem rosa Grenzversicherungsschein dokumentiert wird.

Rückdatierung

Hier wird der technische vor den formellen Versicherungsbeginn (→ dort) gezogen, um z. B. Wartezeiten zu erfüllen oder ein günstiges Eintrittsalter zu erhalten. Ein Eintritt des Versicherungsfalles in dem Zwischenraum beider Beginne ist nicht möglich.

Rückversicherung

Die Rückversicherung (kurz: RV) hat die Aufgabe, Risiken auf eine Vielzahl von Versicherern aufzuteilen und damit den versicherungstechnischen Risikoausgleich sicherzustellen. Die Rückversicherung ist unerlässlich, um große Risiken, z. B. Luftfahrzeuge, überhaupt versichern zu können, ohne im Schadensfall die Existenz eines einzelnen Versicherers zu gefährden. Unter Rückversicherung versteht man sozusagen die Versicherung der Versicherer, von denen der Kunde in der Regel nichts mitbekommt.

Arten von Rückversicherungen:

- feste Quote an Schäden und Prämien – Quotenrückversicherung
- Bildung von Risikoklassen, Haftstrecke mit einem Maximum bzw. Selbstbehalt des Erstversicherers, individuelle Risikoquoten – Summenexedentenrückversicherung
- Großschäden- bzw. Einzelschadenabsicherung, nur bei überschreiten der Haftstrecke des Erstversicherers tritt RV ein – Einzelschadenexedentenrückversicherung
- Auf Gesamtschadenaufkommen, z. B. eines Schadens in verschiedenen Sparten abstellend und ab Haftstrecke ansetzend, um den Erstversicherer vor Schadenkumulierung (ab zwei Risiken des Gesamtbestandes) zu schützen – Kumulschadenrückversicherung
- Größte Versicherungsfälle eines Geschäftsjahres werden in Rückdeckung gegeben, um Groß- oder Katastrophenschäden zu vermeiden – Höchstschadenrückversicherung
- Verhältnis aus Schadenaufwand und Beitragseinnahmen gebildet, Rückversicherer tritt oberhalb vereinbarter Quote ein (Haftstrecke) – Jahresschadenexedentenrückversicherung

Rückwärtsversicherung

Der technische und materielle Beginn liegen vor dem formellen Beginn des Versicherungsvertrages. Bedingung: Zum Vertragsschluss ist kein Versicherungsfall bekannt. Der Eintritt des Versicherungsfalles in dem vorgezogenen Zeitraum ist möglich. Diese Methode ist dann nötig, wenn rückwirkender Versicherungsschutz benötigt wird.

Rürup-Rente

Die Rürup-Rente (Basisrente) ist zum Ausgleich von Versorgungslücken (→ dort), insbesondere für Selbstständige, denen meist andere staatlich geförderte Altersprodukte versagt sind, und zum Abfangen der Rentensenkung in der gesetzlichen Rentenversicherung ab 2005 geschaffen worden. Es handelt sich um eine Sonderform einer privaten Rentenversicherung mit staatlichen Auflagen und Förderungen.

Die Beiträge zum Aufbau einer Rürup-Rente sind im Rahmen der gesetzlichen Höchstbeträge und unter folgenden Voraussetzungen als Sonderausgaben abziehbar:

- Der Versicherungsvertrag darf nur die Zahlung einer monatlichen lebenslangen Leibrente vorsehen.
- Die Rente darf nicht vor Vollendung des 60. Lebensjahres beginnen.
- Die Ansprüche aus dem Versicherungsvertrag sind nicht vererbbar, nicht beleihbar, nicht veräußerbar und nicht kapitalisierbar.
- Der Steuerpflichtige hat keinen Anspruch auf vorzeitige Auszahlung.

Der neu geschaffene Sonderausgabenabzug beträgt für Ledige 20.000 Euro bzw. für Verheiratete 40.000 Euro. Im Jahre 2005 sind davon 60 % steuerlich ansetzbar. Bis 2025 steigt dieser Anteil um 2 Prozentpunkte jährlich auf 100 %. Dieser Betrag wird bei Arbeitnehmern allerdings um den steuerfreien Arbeitgeberanteil zur gesetzlichen Rentenversicherung gekürzt – Vergleichbares gilt auch für Freiberufler, die in ein Versorgungswerk einzahlen.

Auch bei Beamten und anderen Personen, die einen Anspruch ganz oder teilweise ohne eigene Beitragsleistung haben, wird eine Kürzung um einen fiktiven Arbeitgeberanteil vorgenommen.

Ruhegehalt

Nach dem Beamtenversorgungsgesetz erhalten Beamte ein Ruhegehalt, wenn sie eine Dienstzeit von mindestens fünf Jahren geleistet haben oder dienstunfähig geworden sind infolge von Krankheit, Verwundung oder sonstiger Beschädigung bei der Ausübung oder aus Veranlassung des Dienstes. Grundsätzlich beginnt der Ruhestand für Beamte mit der Vollendung des 65. Lebensjahres (inzwischen analog der gesetzlichen Rentenversicherung auf 67 Jahre verlängert). Für einige Beamte (u. a. Polizei) beträgt die Altersgrenze 60 Jahre. Tritt der Fall der dauernden Dienstunfähigkeit ein, dann wird der Beamte sofort in den Ruhestand versetzt.

Schadensregulierung

In der Schadenversicherung wird, sofern die Versicherungssumme dem Versicherungswert entspricht (z. B. kein Vorliegen einer Unterversicherung), der entstandene Schaden in Geld ersetzt. Grundsatz ist hierbei, dass der Versicherungsnehmer bzw. der Geschädigte bei seinen Sach- und Vermögenswerten so gestellt werden muss, als wäre kein Schaden eingetreten. Bei einigen Sparten (z. B. Glasversicherung) und bei einigen Anbietern ist inzwischen bedingungsgemäß auch ein Naturalersatz der versicherten Sache bzw. eine Reparaturleistung durch Vertragswerkstätten des Versicherers möglich. In der Personenversicherung (Summenversicherung) erfolgt die Schadensregulierung generell in geldlicher Form.

Schweigepflichtentbindung

Alle behandelnden Ärzte und Krankenhäuser sind aufgrund berufsethischer und gesetzlicher Vorschriften zum Schweigen über die erfolgten Behandlungen und Diagnosen verpflichtet. Bei der Antragstellung zu einer Lebens- oder Krankenversicherung müssen Versicherungskunden standardmäßig die Schweigepflichtentbindung im Antragsformular – meist auch für mehrere Jahre in der Vergangenheit – unterschreiben, um dem Versicherer die Risikoprüfung (Nachfrage bei den Ärzten) vor Vertragsschluss und die Recherche im Versicherungsfall (die Ermächtigung gilt über den Tod hinaus) zu ermöglichen.

Solidarprinzip

Bei dieser Finanzierungsform von Versicherungen zahlt jeder die Beiträge nach seiner Leistungskraft / Einkommenssituation (bis zu einem Höchstbetrag, die sogenannte Beitragsbemessungs- oder Jahresarbeitsentgeltgrenze) in einen Solidartopf ein, aus dem jeder – auch der Leistungsschwächere mit weniger Beitragsaufkommen oder derjenige Versicherte mit schlechter Risikosituation – die gleichen Leistungen erhält. Dieses Prinzip liegt im Wesentlichen der Sozialversicherung (z. B. der gesetzlichen Krankenversicherung) zu Grunde.

Technischer Versicherungsbeginn

Dies ist der gewünschte Versicherungsbeginn (meist im Antrag genannt) und Beginn des prämienbelasteten Zeitraums (d. h. der Beitragszahlung des Versicherungsnehmers).

Term-fix-Versicherung

Diese Tarifform nennt man auch Versicherung mit festem Auszahlzeitpunkt.
Hierbei wird eine Erlebensfall-Leistung für einen besonderen Fall (z. B. Ausbildung oder Heirat des mitversicherten Kindes) oder einfach ein fiktiver Ablauf festgelegt.
Die Besonderheit bei Ausbildungs- und Heirats- bzw. Aussteuerversicherung ist, dass bei Tod des Versorgers (versicherter Elternteil) die Versicherung in voller Höhe beitragsfrei gestellt wird und die volle Versicherungssumme beim vereinbarten Ablauf erbracht wird, obwohl ab Todesfall des Elternteils keine Beiträge mehr entrichtet wurden.

Unfall

Ein Unfall gemäß den Bedingungen der privaten Unfallversicherer liegt vor, wenn die versicherte Person durch ein plötzlich von außen auf den Körper einwirkendes Ereignis (Unfall) unfreiwillig eine Gesundheitsschädigung erleidet. Damit sind z. B. innere Erkrankungen ausgeschlossen. Als Unfall gilt allerdings auch, wenn durch eine erhöhte Kraftanstrengung an Gliedmaßen oder Wirbelsäule ein Gelenk verrenkt wird oder Muskeln, Sehnen, Bänder oder Kapseln gezerrt oder gerissen werden.

Unterversicherung

Eine Unterversicherung liegt vor, wenn die Versicherungssumme in der Schadenversicherung niedriger ist als der Versicherungswert. Die Entschädigung wird dann nach folgender Formel berechnet:

$$\text{Entschädigung} = \frac{\text{Schaden x Versicherungssumme (+ ggf. Vorsorge)}}{\text{Versicherungswert}}$$

Unterversicherungsverzichtsklausel

Wird diese Klausel im Rahmen der Hausratversicherung vereinbart, nimmt der Versicherer im Schadensfall keinen Abzug wegen Unterversicherung vor. Das heißt: jeder Schaden wird im Rahmen der Versicherungssumme voll entschädigt. Voraussetzung ist jedoch, dass eine vereinbarte Mindestversicherungssumme pro Quadratmeter (versicherter) Wohnfläche versichert wird (z. B. 650 Euro pro qm). Trotz Unterversicherungsverzichtsklausel kann man jedoch unterversichert sein, wenn ein falscher Versicherungswert (z. B. viel höherer Wert der versicherten Sachen) zugrunde liegt. Auch eine Überversicherung ist möglich bei viel niedrigerem Wert der versicherten Sachen.

Valorenversicherung

Für bestimmte Wertsachen (wie Schmuck, Pelze oder Banknoten) wird eine besondere Form der Transportversicherung, die sogenannte Valorenversicherung, abgeschlossen. In dieser Versicherung werden besondere Sicherheitsvorschriften und Höchstgrenzen vereinbart.

Vandalismus

Vandalismus nach einem Einbruch liegt vor, wenn der Täter durch Einbruch, Einsteigen, Eindringen oder räuberischen Diebstahl in die Wohnung eindringt und versicherte Sachen vorsätzlich zerstört oder beschädigt. Dafür bietet die Hausratversicherung Versicherungsschutz.

Verjährung

Ansprüche aus Versicherungsverträgen die vor dem 01.01.2008 entstanden sind (Leistungen und Prämien) verjähren

- nach zwei Jahren,
- in der Lebensversicherung nach 5 Jahren

beginnend mit dem Schluss des Jahres, in welchem die Leistung verlangt werden konnte.

Seit dem 01.01.2008 (VVG-Reform) verjähren neu entstandene Ansprüche generell nach 3 Jahren (BGB-Regelung).

Hinweis: Während der Leistungsprüfung ist die Verjährung gehemmt und beginnt erst nach Ablehnungs- oder (Teil-)Anerkennungsbescheid des Versicherers zu laufen.

Verschuldenshaftung

Im Rahmen der Haftpflichtversicherung ist die Verschuldenshaftung gemäß §823 BGB:

„Wer vorsätzlich oder fahrlässig das Leben, den Körper, die Gesundheit, die Freiheit, das Eigentum oder sonstiges Recht eines anderen widerrechtlich verletzt, ist dem anderen zum Ersatz des Schadens verpflichtet."

Im Versicherungsfall müssen folgende Voraussetzungen für die Verschuldenshaftung erfüllt sein:

- schuldhaftes Handeln des Schädigers,
- verletzen eines Rechtsgutes durch den Schädiger in Form
- einer widerrechtliche Handlung,
- zwischen der Handlung und dem Schaden muss ein Kausalzusammenhang bestehen und
- der Schädiger muss deliktfähig sein.

Versorgungslücke

Hierbei wird zunächst eine gewünschte Versorgung ermittelt, dann die geplanten Einnahmen und die geplanten Ausgaben im Versorgungsfall ausgerechnet und so Versorgungslücken festgestellt. Beispielsweise kann es im Alter zu Versorgungslücken kommen, da die Höhe der Leistungen aus der gesetzlichen Rentenversicherung weit unter dem Bruttoentgelt vor Eintritt ins Rentenalter liegt. Die ermittelten Versorgungslücken sollte man durch Eigenvorsorge bzw. den Abschluss entsprechender Verträge schließen bzw. minimieren.

Zillmerung

Bei allen Verträgen der betrieblichen Altersversorgung und bei nahezu allen privaten Renten- und Lebensversicherungen fallen Abschlusskosten (z. B. die Provision des Vermittlers) in nicht unbeträchtlicher Höhe an.

Der Mathematiker August Zillmer (1831–1893) hat ein Verfahren entwickelt, bei dem die Abschlusskosten sofort dem Vertragskonto belastet werden und der Kunde den Vertrag quasi im Minus beginnt.

Vereinfachtes Beispiel:

Der Kunde zahlt 78 Euro monatlich in eine Lebensversicherung. Der Vermittler (→ dort) erhält eine Abschlussprovision von 900 Euro für den Vertrag. Also muss der Kunde fast das gesamte erste Jahr Prämien (936 Euro) zahlen um „aus dem Minus" heraus zu kommen und überhaupt Zinsen mit seinem Sparguthaben zu erwirtschaften. Problem ist, dass nur das Sparguthaben – wenn eben vorhanden – verzinst wird.

In der Realität sieht der Sachverhalt noch dramatischer aus, da nicht der gesamte Beitrag in die Sparreserve geht, sondern – je nach Vertrag – noch andere Kosten- und Risikobeiträge abgezogen werden.

Normalerweise bemerkt der Kunde nichts von dieser Verrechnung. Ein Problem entsteht jedoch, wenn der im obigen Beispiel geschilderte Kunde beispielsweise im 2. Versicherungsjahr die Lebensversicherung kündigen möchte. Dann erhält er eben nicht die eingezahlten Beiträge, sondern nur einen Bruchteil (hier vereinfacht: 36 Euro am Ende des 1. Jahres) zurück. Von diesem Betrag dürfen die Versicherer

noch einen Stornoabschlag abziehen, so dass in der Regel wenig bis gar nichts an Rückkaufswert (→ dort) – vereinfacht: Auszahlungsbetrag – in den ersten Versicherungsjahren vorhanden ist.
Der Bundesgerichtshof hat bereits 2005 ausgeurteilt, was ab 2008 (Reform des Versicherungsvertragsrechts) Rechtskraft erlangt:

- Abschlusskosten müssen auf mindestens die ersten 5 Jahre verteilt werden und
- andere Berechnungsmethoden werden zu einer Erhöhung der Auszahlungswerte bei vorzeitiger Vertragskündigung führen.

Tipp: Bei Neuabschlüssen ist auf die Beschreibung der Kosten und deren Verteilung (u.a. Zillmerung) zu achten, um vor bösen Überraschungen gefeit zu sein.

Wie ist die neue Rechtsprechung zur Betrieblichen Altersversorgung?

Eine Vereinbarung zur betrieblichen Altersversorgung (bAV) mit Entgeltumwandlung darf nach Ansicht des Landesarbeitsgerichts (LAG) München in den ersten Jahren keine Verrechnung der Abschlusskosten vorsehen. Verträge, die eine Zillmerung beinhalten, seien unzulässig, so das LAG mit Urteil vom 15.03.2007 – 4 Sa 1152106.

In diesem Fall hatte eine Arbeitnehmerin nach 3 Jahren den Arbeitgeber gewechselt und statt der in die betriebliche Altersversorgung eingezahlten 6.230 Euro nur 639 Euro erhalten. Der Arbeitgeber musste die Differenz von 5.591 Euro (ca. 90 % des Einzahlungsbetrages) ersetzen.

Trotzdem viele Anbieter von bAV-Produkten angstvoll abwiegeln und auf das anhängige Revisionsverfahren verweisen, drohen den Arbeitgebern nach Ansicht von Unternehmensberatern und Verbraucherschützern Milliardenklagen – und zwar nicht nur bei vorzeitiger Kündigung oder Wechsel, sondern auch bei Erreichen der vereinbarten Altersgrenze bzw. bei Leistungserhalt.

Dabei dürfte doch klar sein, wenn ein Sparbuch 3 Jahre nicht bespart wird, dass dieser Verlust sich durch Zinseszins auch noch nach 35 Jahren Laufzeit bemerkbar macht und zu Schadensersatzforderung führt!

Folgende Gründe führen nach Ansicht des LAG München zur Nichtigkeit des bAV-Vertrages (nicht der eigentlichen Entgeltumwandlung zwischen Arbeitnehmer und Arbeitgeber!).

Das Gericht stützte sein Urteil auf vier rechtliche Gründe – bereits einer hätte ausgereicht:

- Verstoß gegen das gesetzliche Gebot der Wertgleichheit
- Verstoß gegen das Verbot unangemessener Benachteiligung
- Verstoß gegen die Portabilität, § 4 BetrAVG
- Verstoß gegen Grundsätze von BGH und Verfassungsgericht (z. B. zum Thema Rückkaufswertberechnung)

Vertragshaftung

Die Vertragshaftung setzt das Bestehen eines gültigen Vertragsverhältnisses zwischen dem Schädiger und dem Geschädigten voraus sowie die mangelnde Erfüllung der Vertragsvereinbarungen (z. B. Gesundheitsschäden durch fehlerhafte oder verdorbene Produkte wie Lebensmittel).

Verweisung

Unter dem Begriff Verweisung wird in der Berufsunfähigkeitsversicherung bzw. in der gesetzlichen Rentenversicherung (Erwerbsminderungsrenten) verstanden, dass eine berufsunfähige Person auf einen anderen als den bei Eintritt der Berufsunfähigkeit ausgeübten Beruf – den er auf Grund seiner Kenntnisse und Fähigkeiten trotz Beeinträchtigung ausüben kann und seiner bisherigen Lebensstellung entspricht – verwiesen werden kann („abstrakte Verweisung“). Außerdem ist eine Verweisung in jedem Fall möglich, wenn konkret tatsächlich eine Berufstätigkeit ausgeübt wird (z. B. nach Umschulung), die mit der bisherigen vergleichbar und damit zumutbar ist („konkrete Verweisung“).
Die abstrakte Verweisung kann in der privaten Berufsunfähigkeitsversicherung ausgeschlossen werden, was die Prämie aber auch den Leistungsumfang der abgeschlossenen Versicherung erhöht.

Vollversicherung

Eine Vollversicherung liegt vor, wenn die vereinbarte Versicherungssumme dem Versicherungswert (in der Schadenversicherung) entspricht.

vorläufige Deckungszusage

Hierbei handelt es sich um einen selbstständigen Versicherungsvertrag vor dem endgültigen Vertragsschluss, für den eine extra Prämie berechnet wird und dann entweder mit dem endgültigen Vertrag verrechnet wird oder bei Nichtzustandekommen des Vertrages bezahlt werden muss.
Für einen Versicherungsfall innerhalb der Laufzeit der vorläufigen Deckungszusage ist der Versicherer leistungspflichtig.
Die vorläufige Deckungszusage wird bei notwendigem sofortigem Versicherungsschutz (z. B. Zulassung eines Neuwagens nach Kauf) benutzt.

Die vorläufige Deckungszusage endet

- mit Ablauf der vereinbarten Dauer für die Deckungszusage
- mit Ablehnung des endgültigen Vertrages (Hauptvertrag) durch Versicherer oder Versicherungsnehmer
- mit Abschluss des endgültigen Versicherungsvertrages
- bei einem Scheitern der Vertragsverhandlungen (z. B. Kunde lehnt Risikozuschlag ab)
- bei Abschluss einer neuen Deckungszusage
- bei Kündigung oder Zahlungsverzug (Belehrungen erforderlich).

Wartezeit

Um das subjektive Risiko eines Kunden zu beschränken, gibt es in vielen Versicherungssparten Wartezeiten. Wartezeit bedeutet, dass trotz Prämienzahlung noch kein Versicherungsschutz für Leistungsfälle in diesem Zeitraum besteht.

Oft kann man jedoch unter bestimmten Voraussetzungen (z. B. lückenloser Anschlussvertrag oder ärztliche Untersuchungen in der Krankenversicherung) die Wartezeiten ganz oder teilweise erlassen bekommen.

Beispiel:
In der privaten Krankenversicherung gibt es folgende Wartezeiten:

- allgemeine Wartezeit (3 Monate)
- besondere Wartezeit (8 Monate: Entbindung, Psychotherapie, Zahnersatz)

Entfallen kann die Wartezeit bei:

- Neugeborenen von Privatversicherten (bei Versicherung ab Geburt)
- Ehegatten
- Unfällen
- positives ärztliches Zeugnis oder Gutachten
- Übertritt von der gesetzliche Krankenversicherung in die private Krankenversicherung (nahtloser Übergang).

Wertsachen

Im Sachversicherungsbereich (z. B. Hausrat) gibt es besondere Definition von Wertsachen. Zu den Wertsachen gehören: Urkunden einschließlich Sparbücher und sonstige Wertpapiere, Schmucksachen, Edelsteine, Perlen, Briefmarken, Telefonkarten, Münzen und Medaillen sowie Sachen aus Gold oder Platin, Pelze, handgeknüpfte Teppiche, Gobelins, Kunstgegenstände (Gemälde, Collagen, Grafiken, Plastiken u. a.) sowie oben nicht genannten Sachen aus Silber, sonstige Sachen, die über 100 Jahre alt sind (Antiquitäten) mit Ausnahme von Möbelstücken.
Bei den Wertsachen gibt es in der Regel besondere Entschädigungsgrenzen oder die Notwendigkeit, eine separate Versicherung (Valorenversicherung, → dort) abzuschließen.
Alles, was nicht als Wertsachen definiert ist, wird im Schadensfall zu niedrigen Werten (z. B. Wiederbeschaffung einer Sache mit gleichen Gebrauchseigenschaften) ersetzt.

Widerrufsrecht

Laut Versicherungsvertragsgesetz kann ein Versicherungsantrag auf einen Versicherungsvertrag über 1 Jahr Laufzeit innerhalb von 2 Wochen ab Unterzeichnung des Antrages vom Versicherungsnehmer schriftlich widerrufen werden. Bei der Lebensversicherung sind es sogar 30 Tage Widerrufs- bzw. Rücktrittsfrist. Dies gilt auch bei so genannten Fernabsatzverträgen (z. B. über Telefon oder Internet abgeschlossen). Die Widerrufsfrist beginnt erst zu laufen, wenn dem Kunden der Versicherungsschein, alle Unterlagen und Verbraucherinformationen sowie eine Rechtsbelehrung ausgehändigt wurden bzw. zugegangen sind.

Hinweis: Das Widerrufsrecht ist seit 01.01.2008 ausgeschlossen

- bei Verträgen unter einem Jahr Laufzeit und
- Verträgen über vorläufige Deckung (es sei denn dieses sind Fernabsatzverträge)
- Pensionskassen-Verträgen im Rahmen der Entgeltumwandlung in der betrieblichen Altersversorgung (es sei denn dieses sind Fernabsatzverträge)
- bei Versicherung von Großrisiken.

XL

Im Versicherungsbereich ist XL die Abkürzung für Excess of Loss, die Schadenexedentenrückversicherung. Sie ist eine besondere Form der Rückversicherung (→ dort).

Yankee-Bonds

Wenn ein ausländischer Emittent eine auf den US-Dollar notierte Anleihe in den USA auflegt, nennt man diese Yankee-Bond. Yankee-Bonds können z. B. auch im Portfolio ausländischer Versicherer und Fonds auftauchen.

Zweitmarkt

Die Mehrheit aller Kunden kündigt ihre kapitalbildende Lebensversicherung vor dem Ende der Laufzeit, da sie in finanzielle oder persönliche Schwierigkeiten geraten. Bei der Kündigung einer Lebensversicherung zahlt der Versicherer einen Rückkaufswert aus, der geringer ist als das angesammelte Sparguthaben. Um diesem Verlust entgegenzuwirken bieten immer mehr Unternehmen den Aufkauf dieser „notleidenden“ Lebensversicherung auf dem Zweitmarkt an. Sie zahlen dem Kunden zwischen 15 % und 20 % mehr aus als der Rückkaufswert beträgt und führen den Vertrag bis zum Ende der Laufzeit weiter. Dies lohnt sich für diese Zweitmarkt-Firmen (sogenannte „Händler von gebrauchten Lebensversicherungen“), da zum Ende der Laufzeit einer Lebensversicherung ein nicht unbeträchtlicher Schlussgewinnanteil – als Belohnung für die Vertragstreue – ausgeschüttet wird, den diese Firmen dann kassieren.

Da in Deutschland dieser Zweitmarkt immer größer wird, hat die Bundesregierung ab 01.01.2009 auch diese Veräußerung der Police mit der Abgeltungssteuer belegt.

Zwingende Vorschrift

Im Versicherungsvertragsgesetz (VVG) ist bei diesen Vorschriften keine Abweichung, weder zum Vorteil noch zum Nachteil des Versicherungsnehmers, gestattet. Bei einer gesetzeswidrigen Abweichung kann entweder die einzelne Vorschrift oder auch der der gesamte Versicherungsvertrag nichtig sein.